L. 27
Ln 19720.

ORAISON FUNÈBRE

DE MONSEIGNEUR

PROSPER DE TOURNEFORT,

ÉVÊQUE DE LIMOGES,

Prononcée au Service de Quarantaine,

CÉLÉBRÉ LE 23 AVRIL 1844,

Dans l'Eglise cathédrale de Limoges,

Par M. L'Abbé DISSANDES DE BOGENET,

Ancien vicaire général de l'Évêque défunt, vicaire général capitulaire.

LIMOGES,

A LA LIBRAIRIE ECCLÉSIASTIQUE ET CHRÉTIENNE,

DE O. LAFERRIÈRE ET COMP. RUE CRUCHE-D'OR, 8.

Et a Paris, chez MM. Sagnier et Bray, rue des Sts-Pères, 64.

1844

ORAISON FUNÈBRE

DE MONSEIGNEUR

PROSPER DE TOURNEFORT,

ÉVÊQUE DE LIMOGES.

———◦●◦———

> *Mementote præpositorum vestrorum, qui vobis locuti sunt verbum Dei : quorum intuentes exitum conversationis, imitamini fidem.*
>
> Souvenez-vous de vos conducteurs qui vous ont prêché la parole de Dieu; contemplant la fin de leur vie, imitez leur foi.
>
> *Hæb.* XIII, 7.

Cette cérémonie doit être à la fois pour vous, mes frères, un sujet de douleur et de consolation : de douleur, car elle vous rappelle la perte du bon Evêque que vous aimiez et que vous pleurez; de consolation, car elle satisfera le désir qu'un grand nombre d'entre vous ont manifesté de connaître sa vie. Tout en m'estimant heureux d'avoir l'occasion de payer à sa mémoire le tribut de ma vénération, de ma reconnaissance et de mon amour, je ne me dissimule pas l'importance et la gravité de cette tâche : simple Prêtre, je suis appelé à apprécier un

Prince de l'Eglise, qui, dès mon entrée dans le sanctuaire, m'appela près de lui, m'introduisit dans son conseil, m'associa au gouvernement de son Diocèse, m'admit dans l'intimité de sa confiance ; et qui m'a toujours traité avec une bonté de père. Ma position particulière ajoute beaucoup aux difficultés déjà si grandes de la mission qui m'est confiée. N'est-il pas à craindre que l'affection que j'avais vouée à ce Prélat, que la part que j'avais à son administration, que mes opinions personnelles ne dictent mes jugements ou ne nuisent à leur impartialité?...

Rassurez-vous, mes Frères, j'ai compris la sainteté du ministère que je viens remplir : je n'oublierai pas que j'ai à parler d'un Pontife qui a dû *être l'imitateur de Jésus Christ et le modèle de son troupeau* (1) ; sous les yeux du Christ qui jugera mes paroles ; dans l'assemblée des Saints, où l'on ne doit faire entendre que des paroles de vérité, d'édification et de paix ; et en présence d'un trophée de la mort, *dont le jugement est bon* (2), et dont la pensée dissipe bien des illusions.

Instruit par les enseignements divins, je sais qu'immédiatement après sa mort, il a paru au tribunal de Jésus Christ qui l'a jugé selon son Evangile ; je sais aussi que mon jugement, pour être vrai et utile, doit être conforme à celui de ce Juge suprême des vivants et des morts. C'est donc, l'Evangile à la

(1) I, Cor., XI, 1.
(2) *Bonum est, ô mors, judicium tuum.* Eccli., XLI, 3.

main, et en rapprochant de ses maximes les actes de la vie de Mgr de Tournefort que je vais chercher à l'apprécier. Placé dans une sphère aussi élevée, en dehors de tout esprit de parti et de toutes vues humaines, je pourrai parler avec liberté sans blesser personne.

Mais les conséquences d'une pareille appréciation ne sont-elles pas à redouter pour la mémoire de notre bien-aimé Evêque?.. Qui d'entre nous ne serait pas effrayé s'il avait à rendre un tel compte de sa vie? Rassurez-vous encore, mes Frères, toute la gloire de notre Pontife vient de sa fidélité à suivre les enseignements du Sauveur : « comme il a marché » devant Dieu, dans la vérité et la justice, et avec » un cœur droit, le Seigneur aura usé envers lui » d'une grande miséricorde (1). »

Maintenant je puis avec une pleine assurance faire passer successivement sous vos yeux *le tableau de la vie, de l'administration épiscopale, et des vertus de Monseigneur Prosper de Tournefort, Evêque de Limoges* (2).

Ecoutez attentivement, mes Frères; car vous pourrez recueillir d'utiles enseignements.

---

(1) *Sicut ambulavit in conspectu tuo in veritate, et justitia, et recto corde tecum : custodisti ei misericordiam tuam grandem.* III, Reg. III, 6.

(2) J'ai cru devoir ajouter quelques notes pour suppléer à ce que je n'ai pu dire, et pour justifier et compléter ce que j'ai dit. Le lecteur pourra les omettre.

I.

Tableau des principaux événements de la vie de Monseigneur Prosper de Tournefort.

Quand on étudie avec les yeux de la foi, la vie de Mgr de Tournefort, on ne peut s'empêcher d'y admirer une belle manifestation de la Providence de Dieu toujours si amoureuse, si suave et si constante envers les justes (1); de cette Providence « qui a » l'œil arrêté sur eux et les oreilles attentives à » leurs prières (2); qui les conserve comme la » prunelle de l'œil (3); qui les garde dans toutes » leurs voies (4), les délivre de toutes les tribula- » tions (5), les arrache à tous les périls (6) »; et qui dispose tous les événements pour les conduire salut éternel (7). Le pieux Evêque était pénétré d'un vif sentiment de reconnaissance envers Dieu pour cette bonté, dont il avait ressenti les effets pendant tout le cours de sa vie; il aimait à en parler et à s'appeler l'*Enfant gâté de la Providence*. Quand la conversation tombait sur ce sujet, on voyait son regard s'animer, ses yeux se remplir de

---

(1) *Quàm bonus Israël Deus his, qui recto sunt corde!* Psal. LXXII, 1.

(2) *Oculi Domini super justos: et aures ejus in preces eorum.* Psal. XXXIII, 16.

(3) *Custodi me, ut pupillam oculi.* Psal. XVI, 8.

(4) *Angelis suis Deus mandavit de te: ut custodiant te in omnibus viis tuis.* Psal. XC, 11.

(5) *Clamaverunt justi, et Dominus exaudivit eos: et ex omnibus tribulationibus eorum liberavit eos.* Psal. XXXIII, 18.

(6) *Qui de tantis periculis nos eripuit, et eruit.* II, Cor. I, 10.

(7) *Scimus autem quoniam diligentibus Deum omnia cooperantur in bonum, iis, qui secundùm propositum vocati sunt sancti.* Rom. VIII, 28.

larmes, et on l'entendait s'écrier avec l'accent de la foi, de la gratitude et de l'amour : « *Venez, vous tous qui craignez le Seigneur, écoutez, et je vous raconterai les grandes choses qu'il a faites en ma faveur* (1). »

Impossible encore, pour peu qu'on veuille réfléchir, de ne pas admirer, dans cette vie toujours uniforme, toujours calme, toujours irréprochable, les heureux effets de la grâce de Jésus Christ, qui a la puissance de nous affranchir de la servitude du péché (2), de nous délivrer du joug tyrannique des passions (3), *et de nous faire vivre dans la sainteté et la justice tous les jours de notre vie* (4).

Après ces réflexions générales que je vous prie de ne pas perdre de vue, nous allons prendre Mgr. de Tournefort au berceau, et le suivre dans les diverses phases de sa longue et belle vie, et partout nous trouverons le fidèle Disciple de Jésus Christ.

Prosper de Tournefort naquit à Villes, petit bourg qui dépendait alors du comtat Venaissin, et qui fait actuellement partie du département de Vaucluse, le 22 décembre 1761, d'une famille honorable et honorée.

---

(1) *Venite, audite et narrabo, omnes qui timetis Deum, quanta fecit animæ meæ.* Psal. LXV, 16.

(2) *Lex enim spiritûs vitæ in christo Jesu liberavit me à lege peccati.* Rom. VIII, 2.

(3) *Quis me liberabit de corpore mortis hujus? gratia Dei per Jesum Christum.* Ibid. VII, 24, 25.

(4) *In sanctitate et justitiâ coram ipso, omnibus diebus nostris* Luc I, 75.

Son éducation fut confiée à un oncle, docteur en Droit, Ecclésiastique pieux et instruit, qui était curé de Villes, et qui avait pour lui la tendresse d'un père.

Destiné au barreau par ses parents, dès qu'il eût achevé ses études, il fut envoyé à Aix pour suivre les cours de la Faculté de Droit. Ses aimables qualités et ses heureuses dispositions lui concilièrent l'affection de M. Portalis, alors avocat distingué, et qui fut plus tard Conseiller d'Etat et Ministre des Cultes. Cet homme célèbre, qui l'aimait comme l'un de ses frères, le fit travailler dans son cabinet et le dirigea dans ses études.

Les relations qui s'établirent alors entre le jeune de Tournefort et l'illustre famille Portalis, ont persévéré jusqu'à sa mort. C'est en témoignage de son ancienne et constante amitié qu'il a légué par son testament à l'un des arrières-petits-fils de l'auteur du *Traité sur l'usage et l'abus de l'Esprit philosophique pendant le XVIIIe siècle*, celle de ses croix pectorales qu'il portait habituellement; et c'est en témoignage de ses propres sentiments, que l'honorable chef de cette famille écrivait, après avoir appris sa mort : « C'était un de mes meilleurs et plus anciens » amis... C'était un des hommes qui m'aimaient le » mieux et que j'aimais le plus. »

Il débuta d'une manière brillante au barreau d'Aix « et se distingua ensuite entre les jeunes » avocats de cette ville par la vivacité de son esprit,

» l'aménité de ses manières et sa bonne et excel-
» lente conduite (1). »

Les premiers troubles de la révolution l'obligèrent à retourner à Villes, chez son oncle. Bientôt après il se rendit à Paris, sur l'invitation de M. d'André, membre de l'Assemblée Constituante, pour travailler sous sa direction ; mais, comme les opinions de ce dernier n'étaient pas en harmonie avec les siennes, il s'empressa de sacrifier les avantages de sa nouvelle position aux inspirations de sa conscience, qu'il a toujours fidèlement écoutées et suivies.

Le mouvement qui agitait alors la France, qui devait amener la destruction de la vieille monarchie,

(1) Voici quelques détails intéressants fournis sur les premières années de Mgr de Tournefort par l'auguste chef de la Cour Suprême : « Pros-
» per Tournefort, quand il eut achevé ses études, fut envoyé à Aix
» pour y faire son Droit. Il fut adressé à mon père qui était lié avec son
» oncle. Mon père l'accueillit avec bienveillance ; les aimables qualités,
» les heureuses dispositions du jeune étudiant le lui rendirent bientôt
» cher à l'égal de ses propres frères, jeunes gens qui étudiaient aussi en
» Droit à cette époque. Mon père devint l'ami de Prosper Tournefort,
» il s'occupa lui-même de son instruction ; il le fit travailler dans son
» cabinet ; il le reçut dans sa maison comme un hôte et un commen-
» sal ; il l'aida de ses conseils dans ses débuts au barreau ; et il le recevait
» à sa maison de campagne durant les vacances. Le jeune Tournefort
» était traité par les parents et les amis de la famille comme l'aurait été
» un de ses membres. Il donna à mon père des preuves précieuses de
» son dévouement, de sa reconnaissance et de son amitié. J'étais bien
» jeune alors et j'en reçus des marques qui m'attachèrent vivement à lui.
» Prosper Tournefort était distingué à Aix parmi les jeunes avocats
» par la vivacité de son esprit, l'aménité de ses manières, sa bonne et
» excellente conduite. » (*Extrait d'une lettre du mois de mars* 1844.)

M. le marquis d'Archambaud, l'un de ses anciens amis parle dans le même sens : « M. Tournefort s'annonça d'une manière si avantageuse
» et si brillante dans la carrière du barreau que M. Portalis qui était
» alors à la tête de celui d'Aix sous le rapport des talents, de la capa-
» cité, de l'éloquence et des vertus le distingua, et prit pour lui une
» telle affection, qu'il l'attacha à sa personne et le prit, je crois, chez
» lui. » (*Extrait d'une lettre du* 14 *avril* 1844.)

et jeter la société dans des voies nouvelles, ne tarda pas à se faire sentir dans le comtat Venaissin qui, par suite des concessions de Philippe-le-Hardi et de Jeanne, reine de Naples (1), faisait partie des Etats du Saint Siége. Pour en prévenir les funestes effets, le Pape se hâta de convoquer à Carpentras une assemblée représentative dont le jeune de Tournefort fut élu membre.

Resté étranger aux préjugés déplorables et antichrétiens, répandus contre l'Eglise et son Chef, qui ont fait tant de mal dans ces derniers siècles, loin de regarder le Pontife Romain comme un souverain étranger, ou comme l'ennemi des rois et des peuples, il voyait en lui le vicaire de Jésus Christ, le père commun des fidèles, le protecteur né de l'autorité des princes et de la liberté des peuples ; loin d'attribuer à l'ambition des Papes l'origine de leur souveraineté temporelle sur Rome et ses dépendances, il avait compris que cette souveraineté, nécessaire pour assurer la dignité et l'indépendance du Chef de l'Eglise, et augmenter son influence, n'avait été dévolue aux Evêques de Rome que par une disposition particulière de la Providence, et dans l'intérêt commun des fidèles ; il crut donc remplir les devoirs d'un bon chrétien et d'un bon citoyen en prenant dans l'assemblée de Carpentras la défense des droits du Pape. On l'appelait le *Maury* et le

---

(1) *Histoire de l'Eglise*, par Berault BERCASTEL, liv. 44, an 1347, t. VII, p. 251.

Cazalès de cette assemblée dans laquelle, d'après le témoignage d'un homme haut placé, digne de toute confiance, « il joua un très grand et très beau rôle..., » et se distingua par son éloquence et sa fer- » meté (1). »

Les troubles qui survinrent, firent dissoudre l'assemblée, amenèrent la réunion du Comtat à la France, et obligèrent l'éloquent député à se réfugier

(1) Voici comment ce haut personnage dont nous taisons le nom, de peur d'être indiscret, raconte et apprécie cette circonstance importante de la vie de Mgr de Tournefort : « La révolution avait pénétré dans le » comtat. Des troubles graves avaient éclaté à Avignon. Un parti vio- » lent provoquait la réunion de ce petit pays à la France. Pour conjurer » l'orage, le Pape convoqua une assemblée représentative à l'image de » l'assemblée nationale de France. Tournefort fut député à cette assem- » blée. Il y joua un très grand et très beau rôle. Placé dans le parti » conservateur, il s'y distingua par son éloquence et sa fermeté. Il » défendit les droits de la souveraineté du Pape et les doctrines qui ten- » daient à consacrer une nouvelle forme de gouvernement favorable au » maintien de la monarchie, des propriétés de toute nature, et des droits » de tous les ordres de l'Etat. On l'appelait le *Maury* et le *Cazalès* de » cette petite assemblée. Mais les choses allèrent bientôt à Carpentras » comme elles étaient allées à Paris. L'insurrection et l'émeute dispo- » sèrent du petit Etat enclavé dans la grande monarchie. L'assemblée » représentative fut dissoute, Carpentras, attaquée par les Avignonais » et les Jacobins français, soutint un siège et dut céder à la force. Le » vice-légat qui gouvernait pour le Pape dut se retirer, il se réfugia en » Savoie ; Tournefort l'y suivit. »

M. le marquis d'Archambaud, dont les rapports avec lui datent de cette époque, raconte et apprécie la conduite de son vieil ami dans cette circonstance de la manière suivante : « Il jouissait déjà, quoique fort » jeune, d'une telle réputation de talents et d'excellents principes qu'il » fut nommé membre de l'assemblée représentative qui se forma dans le » comtat à l'imitation de l'assemblée nationale... Il justifia de la manière » la plus brillante, la confiance que le gouvernement du Pape et tous » les honnêtes gens avaient placée en lui. Doué de la figure la plus » douce, des formes les plus agréables, il se montra dans toutes les disà Chambéry, où il demeura jusqu'au moment de l'invasion de la Savoie par les Français, époque à laquelle il passa en Italie où il habita successivement Bologne, Ascoli et Rome.

Dieu n'abandonna pas dans ces circonstances celui qui venait de défendre les droits du Chef de son Eglise avec tant de force et de courage : il disposa les esprits en sa faveur, et le fit accueillir avec bienveillance par plusieurs Cardinaux et même par le Pape Pie VII. Il lui ménagea surtout la faveur du cardinal Archetti, ancien nonce en Russie, qui le prit en amitié à Bologne dont il était gouverneur, l'emmena avec lui lorsqu'il se rendit à son Evêché d'Ascoli, et le garda trois ans près de lui, le traitant comme son enfant (1).

La Providence qui avait ses vues en permettant les événements dont nous venons de parler, s'en servit pour retirer M. de Tournefort des affaires civiles, pour le détacher du monde et pour le pré-

» cussions, orateur brillant, distingué, et toujours prêt à défendre les
» principes d'ordre, de justice et de fidélité au souverain légitime qui
» était le Pape. Comme cette assemblée dite *représentative* paraissait
» prendre à tâche de se modeler sur l'assemblée nationale de France, il
» y avait le côté droit et le côté gauche,... M. l'avocat Tournefort à la
» tête des amis de l'ordre se fit tellement remarquer par son courage
» et son éloquence, qu'il fut appelé le *Maury* de cette assemblée. » (Extrait de la lettre déjà citée.)

(1) Dans une lettre écrite, le 5 octobre 1842, à un cardinal, Mgr de Tournefort a inséré quelques détails intéressants sur cette partie de sa vie. Après avoir rappelé « qu'il fut le principal défenseur des droits et » de la souveraineté du souverain Pontife dans la révolution du comtat

parer au Sacerdoce. Conduit à Bologne près du vénérable M. Courbon, qui a administré pendant longtemps avec tant de sagesse le diocèse de Lyon, il fit, sous la direction de cet homme de Dieu, des progrès rapides dans la perfection. Il devint le modèle de ceux qui le connaissaient. Jamais il ne se permit d'aller au théâtre, et il eut un jour le courage de refuser l'invitation d'un homme haut placé qui l'avait prié de l'accompagner à une représentation. Il communiait plusieurs fois par semaine. Sa conscience, qui a toujours été délicate, tendait même alors au scrupule.

Pendant la durée de son séjour en Italie, il donna des preuves nombreuses de cette charité envers les malheureux, qu'on a toujours admirée en lui. Au moyen du crédit dont il jouissait, il vint souvent au secours des prêtres et émigrés Français. Il savait

» Venaissin, à l'assemblée dite représentative de Carpentras, en 1790;
» qu'il était honoré de la bienveillance du vice-légat *Casoni* et de M. le
» recteur ou gouverneur de Carpentras *Pieracchi*;.. et que lorsque l'as-
» semblée fut dissoute il se rendit à Chambéry auprès de MM. Casoni et
» Pieracchi »; il ajoute : « C'est là où Mgr le cardinal Zelada m'écri-
» vit, me croyant à Paris, pour me charger de la correspondance offi-
» cielle, dès que M. le nonce Duguani aurait quitté Paris.

» Conduit en Italie avec la permission du Ministre Secrétaire d'Etat
» par M. Pieracchi, je fus reçu et traité pendant trois ans par Mgr le
» cardinal Archetti comme son enfant. A Rome, Leurs Eminences
» Zelada, Antonelli, Caprara me comblèrent de bonté. Appelé à Ascoli
» par Mgr le cardinal Archetti, je fus promu aux ordres sacrés par Son
» Eminence, après le Conclave, avec la permission de Pie VII, qui
» daigna aussi me montrer de l'intérêt à Rome et en France. »

s'oublier, lui et ses proches, pour s'occuper de ceux dont les besoins lui paraissaient plus pressants (1).

Un jour le Cardinal Archetti lui glissa adroitement dans la poche, sans qu'il s'en aperçut, un rouleau de trente pièces d'or avec cette adresse : *à Prosper*. Il aimait à raconter ce trait d'ingénieuse et délicate charité du bon Cardinal dont il reconnut l'écriture ; mais ce qu'il ne disait pas, c'est qu'ayant distribué le lendemain toute cette somme, il fut obligé le soir même d'emprunter six francs pour payer une dépense ordinaire.

C'est à Bologne qu'il commença à laisser apercevoir des marques de vocation à l'état ecclésiastique ; après les avoir longtemps examinées et avoir reconnu qu'elles venaient de Dieu, il n'hésita pas à se consacrer tout entier au service de Jésus Christ et de son Eglise. Ce dévouement, qui a toujours quelque chose de sublime quand il est inspiré par le pur amour de Dieu et des hommes, prend un caractère

---

(1) Les détails suivants sont extraits d'une lettre écrite après sa mort par une personne alliée à sa famille qui l'a beaucoup connu : « Dans » l'émigration, il fut la seconde Providence des émigrés Français à » Rome... Le cardinal Archetti lui ayant un jour demandé pourquoi il » lui demandait tous les jours pour les autres et s'oubliait ainsi que ses » frères, il lui répondit qu'il fallait donner à ceux qui ont le plus de » besoin.... Le nombre des grandes familles du comtat et de la Pro- » vence qu'il a soutenues par les secours qu'il procurait est énorme. » Il rentra en France avec 12,000 ou 15,000 fr. de dettes. Son père » étant mort, ce qu'il retrouva d'une fortune délabrée par la révolution » fut employé à payer les dettes qu'il avait faites pour lui et pour satis- » faire sa grande charité. »

d'héroïsme lorsqu'il s'accomplit, dans un de ces moments où l'Eglise n'a d'autre perspective à offrir à ses Ministres que la pauvreté et les persécutions. Il était âgé de quarante ans lorsqu'il fut ordonné Prêtre par le Cardinal Archetti.

Peu de temps après, Dieu qui, pour punir la France de ses impiétés et de ses dissolutions, avait permis que, pendant quelques années de lamentable mémoire, l'exercice public de la Religion y fût aboli, se servit d'un jeune guerrier, dont les succès étonnaient le monde, et dont les bienveillantes dispositions firent, pendant quelques instants de trop courte durée, tressaillir l'Eglise d'espérance et de joie, pour relever les autels et rétablir le culte catholique dans le *royaume très chrétien*.

La Providence qui destinait notre nouveau Prêtre à occuper un des antiques siéges de l'Eglise des Gaules, et qui voulait le faire passer par les divers degrés de la hiérarchie ecclésiastique, afin de lui faire acquérir cette expérience des hommes et des choses que rien ne peut suppléer, s'empressa de faciliter l'exécution du projet qu'il avait formé de se rendre en France (1).

(1) M. Portalis, alors Ministre des Cultes, « qui n'avait jamais cessé de
» suivre d'esprit et de cœur son ami Tournefort, et qui s'occupait des
» moyens de le faire revenir en France, demanda à Rome et obtint
» qu'il fût chargé d'apporter le *Pallium* à M. Fesch, oncle du premier
» Consul, qui venait d'être nommé Archevêque de Lyon. Le nouvel Ar-
» chevêque nomma membre de son chapitre l'abbé Tournefort qui se
» fit bientôt aimer et honorer à Lyon. » (*Extrait de la lettre de M. Portalis, déjà citée.*)

Avant de devenir Evêque de Limoges, il a été successivement chanoine à Lyon, vicaire général à Metz, simple vicaire à Beauvais, curé à Compiègne et vicaire-général à Dijon.

Il s'est distingué dans l'exercice de ces diverses fonctions par sa piété, son zèle, sa charité pour les pauvres, son habileté à conduire des âmes qu'il dirigeait avec beaucoup de douceur, et sa capacité dans l'administration des affaires ecclésiastiques. Partout il a su mériter l'estime et l'affection universelles.

A Lyon, il se livra avec zèle et avec fruit à la prédication et à la direction des âmes. M. le Supérieur du Séminaire le proposait aux élèves du Sanctuaire pour modèle, à cause de son application à l'Oraison, de sa piété, et de son attention à ne pas négliger le soin de son âme au milieu de ses grands travaux (1).

(1) On lira avec intérêt les détails suivants sur le séjour de l'abbé de Tournefort à Lyon :

» Le vénérable Prélat que nous pleurons arriva à Lyon en décembre
» 1802. Le 3 janvier 1803, le cardinal Fesch l'installa chanoine de Lyon,
» il lui donna rang après MM. les comtes de Rully et de St Georges, et
» par conséquent, il était troisième chanoine de cette première création
» du chapitre primatial. J'étais au Séminaire, M. Piquet, supérieur, nous
» le proposait pour modèle, comme homme d'Oraison, d'une piété tendre et ne s'oubliant pas lui-même, bien qu'appliqué à d'immenses travaux. Il prêchait tous les Dimanches dans les grandes églises de la
» ville; il confessait beaucoup et convertissait une multitude de pécheurs. Sa charité pour les pauvres n'avait pas de bornes, et ses vastes connaissances en législation le faisaient consulter avec fruit dans
» une foule d'affaires litigieuses et difficiles. Sa dévotion à Marie était
» admirable ; il l'inspirait avec bonheur ; et l'une de ses pénitentes, à la
» suite d'un vœu prononcé pendant la Messe du pieux chanoine, un jour

A Metz (1) il prêcha plusieurs fois avec succès, et se fit regarder comme un habile administrateur. Sa charité envers les Cardinaux exilés, qui le porta à faire des quêtes, et à écrire beaucoup de lettres de recommandations pour leur procurer des secours, le rendit suspect, lui fit perdre son titre, et le con-

» de l'Assomption, fut délivrée d'une maladie horrible. Elle fonda le chant
» des Litanies de la Ste Vierge, suivi du salut, tous les samedis et veil-
» les des fêtes de la Ste. Vierge, à la primatiale de St-Jean de Lyon, où
» cela se pratique régulièrement. Le caractère de sa prédication était
» l'onction et la persuasion ; il cherchait à toucher les cœurs et à rame-
» ner à la pratique de la Religion les nombreux indifférents qui abon-
» daient, surtout au rétablissement du culte. Il quitta Lyon en décem-
» bre 1807, emportant les regrets et l'affection de tous ceux qui avaient
» eu le bonheur de le connaître. » (*Lettre de M. l'abbé Allibert, chanoine, secrétaire de l'Archevêque de Lyon.*)

» Lorsque le cardinal le nomma chanoine de Lyon, il était pauvre et
» manquant de tout. Le cardinal l'amena avec lui, lui fournit de l'argent
» pour s'habiller et le garda quelque temps à l'Archevêché. M. de
» Tournefort fut très bien d'abord avec le Cardinal, puis il y eut quel-
» ques nuages à l'occasion d'une manière de voir différente en fait d'ad-
» ministration. » (*Extrait d'une lettre d'un ecclésiastique de Lyon, du
» 1er avril 1844.*)

(1) « Lorsque l'abbé Jauffret qui était vicaire-général de Lyon fut
» nommé Evêque de Metz, il appela l'abbé Tournefort à Metz et l'ho-
» nora de sa confiance. Il la partagea avec M. l'abbé Dubois, depuis
» Evêque de Dijon. M. Tournefort eut autant de succès à Metz qu'à
» Lyon, il y rendit d'utiles services. » (*Extrait de la lettre de M. Portalis, déjà citée.*)

» M. l'abbé Tournefort arriva à Metz avec Mgr Jauffret en 1807,
» et y demeura jusqu'en 1811, il avait alors la réputation d'un *Prêtre
» pieux, plein de foi et d'un mérite réel* : mis en parallèle avec M. Dubois,
» sous le rapport de la science, et de la capacité pour bien administrer,
» on donnait la préférence à ce dernier, mais son collègue passait pour
» être plus orateur, et plusieurs discours prononcés à Metz et ailleurs
» par M. de Tournefort ont été fort goûtés et ont fait impression. J'ai
» entendu parler d'un ou de plusieurs sermons prononcés à St Maxime,

duisit pour trois mois dans la prison de *la Force* à Paris (1).

A Compiègne, où il fut nommé, en 1813, curé de la paroisse de Saint-Jacques, après avoir passé deux ans sous la surveillance de la haute police à Soissons (2), et avoir exercé pendant quelques mois les fonctions de simple vicaire à Beauvais (3), il se

» Il prenait cependant une part active à l'administration du Diocèse.
» Ce que j'ai entendu louer le plus dans Mgr de Tournefort, c'est son
» vif attachement au St Siége, l'intérêt tout particulier qu'il prit aux
» malheurs de Pie VII, à sa captivité et à l'exil des Cardinaux. Il avait
» des relations avec plusieurs d'entre eux exilés dans les Ardennes, et il
» leur faisait passer des secours, d'après ce que j'ai appris. » (*Extrait d'une note communiquée par un vicaire général de Metz*).

(1) En 1811, je voulus procurer des secours aux Cardinaux exilés. La police trouva une lettre à ce sujet dans les papiers de Mgr d'Astros, aujourd'hui Archevêque de Toulouse, qui fut mis en prison à Vincennes, et je fus mis en prison à *la Force*, où étaient les Cardinaux Opizzoni, Di Pietro, et Gabrielli. Au sortir de prison, je fus exilé, sous la surveillance de la haute police pendant deux ans à Soissons. (*Extrait de la lettre du 5 octobre 1842, de Mgr de Tournefort à un Cardinal, déjà citée*).

(2) « Le souvenir de ses vertus et de son affabilité s'est conservé ici,
» comme par tradition, et son nom y est encore assez en vénération,
» pour que la nouvelle de sa mort ait produit sur ceux qui en avaient
» entendu parler une pénible impression. » (*Extrait d'une lettre du 9
9 avril 1844, d'un vicaire général de Soissons.*)

(3) « M. de Tournefort a rempli, depuis le 1er mars 1813 jusqu'au 4
» juillet de la même année, sans en prendre le titre, les fonctions de vi-
» caire dans la paroisse de St-Pierre de Beauvais, qui est aujourd'hui
» la cathédrale. Malgré son très court passage et la distance qui nous
» sépare de cette époque, on aime encore à se rappeler et à bénir son
» nom.
» Il avait été, après sa disgrâce, appelé à Beauvais, par M. l'abbé
» Clausel, son compagnon d'études, alors vicaire-général de Mgr l'Evê-
» que d'Amiens, et chargé de l'administration ecclésiastique du départe-
» ment de l'Oise. C'est à lui que M. de Tournefort dut d'être nommé
» curé-doyen de St-Jacques-de-Compiègne.

rendit le modèle des Pasteurs du second ordre, par son zèle à remplir tous ses devoirs, par son empressement à se rendre à toutes les heures du jour et de la nuit auprès des malades et de ceux qui réclamaient son ministère, par son excessive charité envers les pauvres, et par sa prévenante et attentive bonté envers ses vicaires. Il fut, par une mission qu'il fit donner, et par ses instructions vives et touchantes, l'instrument de la conversion de beaucoup de pécheurs et même de plusieurs familles notables. Il trouva le moyen de payer les dettes de la fabrique qui s'élevaient à 4,060 fr., de faire consolider et décorer l'église, et de pourvoir la sacristie de tous les objets nécessaires pour assurer la décence et la pompe du culte.

Sa piété, sa douceur, son application constante à ses devoirs qui ne lui laissaient presque aucun temps pour la récréation, et ses autres vertus lui méritèrent l'affection de ses paroissiens qui éprouvèrent un vif regret à son départ, et le revirent toujours avec de

» Sa prédication était très animée; son débit plein d'aisance. Il prê-
» chait habituellement d'abondance et avec onction, et aimait à parler
» de l'amour de Dieu...

» M. de Tournefort s'est fait remarquer surtout par sa modestie toute
» cléricale, par son ton poli et affectueux envers tous, par son exacti-
» tude et son assiduité à remplir tous ses devoirs de vicaire, et comme
» on lui demandait un jour s'il ne trouvait pas bien pénible de se trou-
» ver ainsi dernier vicaire après avoir été dans un poste supérieur :
» *Il n'y a ni premier ni dernier parmi nous, répondit-il ; le premier est*
» *celui qui remplit le mieux son devoir.* »

» M. de Tournefort a laissé à Beauvais la réputation d'un Prêtre pieux
» et zélé. » (*Extrait d'une lettre du 15 avril 1844, d'un ecclésiastique de Beauvais.*)

grands sentiments de joie (1). Il leur était lui-même fort attaché ; il aimait à parler d'eux et ne laissait passer aucun jour sans les recommander à Dieu.

(1) « J'étais à Compiègne les trois dernières années que Mgr de
» Tournefort en était curé, et j'ai pu m'édifier du zèle qu'il déployait
» en toute circonstance pour le bien de la Religion. Il venait de procu-
» rer une mission à sa paroisse, beaucoup de familles notables y étaient
» revenues aux pratiques de la Religion, et Mgr savait les y affermir par
» ses exhortations nettes, vives et touchantes, et par la décence et la
» pompe avec lesquelles il aimait à faire célébrer les Offices divins.

» A son arrivée à Compiègne, il avait trouvé une église dans le dé-
» nuement le plus complet, et grevée d'une dette d'au moins 4,000 fr.
» Il a su trouver les moyens d'acquitter cette dette, de faire exécuter
» des travaux importants pour consolider l'édifice, et de l'orner non-
» seulement avec décence, mais même avec luxe.

» Il se laissait aborder par les pauvres aussi facilement que par les
» riches, et les aumônes abondantes qu'il distribuait aux premiers lui
» laissaient à peine le nécessaire pour lui-même. Il était extrêmement
» rare de le voir sortir de son presbytère pour une récréation honnête,
» tout son temps étant consacré aux travaux de son Ministère. A toutes
» les heures du jour et de la nuit il était prêt à se rendre aux désirs des
» malades ou de leurs parents ; il savait les gagner par l'esprit de dou-
» ceur, de conciliation et de piété dont il a toujours donné l'exemple.

» Que dire de sa tendresse pour ses deux jeunes vicaires ? Il les ai-
» mait sincèrement, il les attirait chaque jour à son presbytère, et là, il
» aidait leur début dans le Saint Ministère par de sages avis et par tou-
» tes sortes d'encouragements. Aussi le payaient-ils de retour par un
» attachement sans égal, et furent-ils accablés de douleur quand ils le
» virent s'éloigner de Compiègne.

» La paroisse de St-Jacques a regretté pendant bien des années de ne
» l'avoir plus pour Pasteur ; quand il y reparaissait, à des intervalles
» éloignés, c'était toujours une nouvelle fête pour ses anciens parois-
» siens, qui s'empressaient à l'envi de lui exprimer l'affection qu'ils
» lui conservaient.

» Il était fort considéré par une grande partie de l'Episcopat français,
» avec lequel il entretenait une correspondance nombreuse, ou qu'il
» recevait chez lui pendant les deux dernières années de son séjour à
» Compiègne. Son presbytère a toujours possédé quelqu'un de ces hauts
» membres du Clergé. » (Lettre du 25 mars 1844, d'un des anciens vicaires de M. de Tournefort à Compiègne.)

En témoignage de son attachement, il leur a légué, par son testament, un de ses plus beaux ornements.

C'est à Dijon, où il crut devoir accepter le titre de vicaire-général, à cause des pressantes instances de Mgr Dubois, son ancien collègue à Metz, qui tint à l'avoir pour coopérateur (1), et où il acheva de se préparer aux saintes et redoutables fonctions de l'Episcopat, qu'il reçut, au mois de septembre 1824, la nouvelle de sa nomination à l'Evêché de Limoges.

Il accepta l'Episcopat, dont il comprit la grandeur et l'effrayante responsabilité, avec l'intention d'en remplir tous les devoirs, de manière à se sauver avec

« Il est certain que M. de Tournefort a rendu des services inappré-
» ciables à l'église de St-Jacques, qu'il a trouvée dans un état de dé-
» nuement total. Tout était à refaire. . . . .
. . . .
» Il a eu à lutter pour organiser tout, et procurer à la fabrique quel-
» ques ressources. En cela comme en tout, *il a fait preuve d'un désin-*
» *téressement parfait.* Il a donné plus de pompe et de décence aux
» Offices de l'Eglise, plus d'instruction, il a ranimé la piété, rétabli la
» fréquentation des Sacrements. *En un mot, il a fait un bien immense,*
» *et tout cela* malgré des contradictions incessantes.
» Jamais il ne refusait un pauvre, et on peut même dire qu'il n'au-
» rait pas eu tort de ne pas écouter tant de mauvais sujets qui l'épui-
» sèrent pour aller boire à sa santé. Les honnêtes gens appréciaient
» Mgr de Tournefort, et il était chéri et accueilli dans toutes les mai-
» sons les plus respectables.
» Sa sortie de sa cure pour aller à Dijon comme grand-vicaire, a fait
» une grande peine à tout ce qu'il y avait de bon dans sa paroisse
» même dans la ville. » (*Extrait d'une lettre du 22 avril 1844, de M. le curé actuel de la paroisse de Saint-Jacques de Compiègne.*)

(1) Après la mort de Mgr Dubois, M. l'abbé de Tournefort fut nommé vicaire capitulaire par le Chapitre, et ensuite vicaire-général par Mgr de Boisville.

son peuple ; et il vint parmi nous « prêt à se dévouer,
» dans les vues de la foi, de tout son esprit, de tout
» son cœur, de toute son âme, de toutes ses forces
» pour notre salut (1). »

Comme je dois présenter séparément le tableau de son administration épiscopale et de ses vertus, je vais me borner à rappeler les principales circonstances de cette partie de la vie de Mgr de Tournefort.

Doué d'une forte santé et animé d'un vif désir du bien, il se levait habituellement à trois heures du matin, et partageait sa journée entre ses exercices de piété et l'administration de son Diocèse, n'accordant que rarement de courts instants au délassement de l'esprit, et laissant quelquefois passer, même dans la belle saison, plusieurs semaines sans aller prendre l'air dans les agréables et spacieux jardins de l'Evêché.

Chaque année, il employait plus de deux mois à visiter la cinquième partie de son vaste Diocèse (2) ; il allait dans toutes les paroisses ; il interrogeait les enfants qui lui étaient présentés pour le Sacrement de la Confirmation ; et il prêchait partout lui-même, à l'exception des dernières années où l'affaiblissement de ses forces l'obligeait à se faire suppléer par le Grand Vicaire qui l'accompagnait. Au mois d'août, il faisait une autre absence de près de trois semaines,

---

(1) Lettre pastorale de Mgr Prosper de Tournefort à l'occasion de sa prise de possession.

(2) Il comprend les départements de la Haute-Vienne et de la Creuse.

pour aller présider les distributions de prix des établissements ecclésiastiques (1).

Après avoir étudié pendant près de trois ans l'état du Diocèse, sondé la profondeur du mal, et reconnu l'insuffisance des remèdes ordinaires pour le guérir, il eut recours à un moyen qui a été constamment employé par l'Eglise dans les temps de relâchement, d'ignorance et de corruption, et qui a toujours produit de grands fruits.

Il voyait tous les efforts du zèle de ses Prêtres paralysés par cette indifférence qui tient un grand nombre d'hommes éloignés de nos Temples et les rend étrangers à toutes les pratiques du culte ; il crut que l'appareil des missions et la pompe de leurs cérémonies étaient nécessaires pour attirer dans nos églises ceux qui ont perdu l'habitude d'y venir.

Il avait compris que les instructions des Pasteurs ordinaires, qui sont séparées les unes des autres, par des intervalles plus ou moins longs, ne suffisaient pas dans les circonstances présentes pour réveiller tant de consciences endormies, amollir tant de cœurs endurcis et faire cesser tant d'habitudes criminelles invétérées ; il lui sembla que, pour produire ces impressions profondes et durables qui déterminent les conversions, il fallait une suite d'instructions sur les vérités les plus frappantes de la Religion, telles qu'on

(1) Il a exactement fait jusqu'à l'année qui a précédé sa mort, ces tournées qu'il avouait lui être fort pénibles et lui coûter beaucoup, dans les dernières années de sa vie.

les donne dans les missions : si l'eau, dont l'effet peut être comparé à celui de la parole de Dieu, ne tombe qu'en passant sur un rocher, elle s'écoule rapidement sans laisser aucune trace de son passage ; mais si elle tombe avec continuité sur le même endroit, quelque dur que soit le rocher, elle finit par le creuser.

Ce fut donc dans un but uniquement religieux (1) et non par des considérations humaines, qu'il fit successivement évangéliser par des missionnaires de France, ou par des missionnaires diocésains, les paroisses les plus importantes de son Diocèse. Quoique les fruits de ces missions aient été abondants, ils l'auraient été davantage, sans ces malheureuses préventions qui dominaient alors les esprits, et inspiraient de la défiance contre tout ce qui avait une couleur religieuse.

Nous voici arrivés à une époque mémorable où notre Evêque sera soumis à de grandes épreuves qui ne serviront qu'à faire éclater ses vertus.

Un vif attachement aux descendants de Saint-Louis, les espérances que leur piété faisait concevoir pour la Religion, le souvenir des maux causés à la France et à l'Eglise par la première révolution, et la crainte de les voir se renouveler, portèrent, (pourquoi n'en conviendrions-nous pas ?) l'Evêque de Limoges à quelques démarches inutiles au moins, qui servirent

---

(1) On lira avec intérêt le Mandement pour le Carême de 1828, dans lequel il expose les avantages des Missions, et les motifs qui le portent à en faire donner.

de prétexte à bien des haines, et à beaucoup de déclamations, d'insultes et de manifestations hostiles.

Jamais peut-être le Pontife ne parut plus grand que dans ce jour de triste mémoire, où quelques hommes égarés, oubliant et son caractère et ses vertus, menaçaient d'envahir son Palais, et se livraient à d'injurieuses démonstrations! supérieur à toute crainte, non par faiblesse, mais par charité et amour de la paix, il crut devoir accorder ce qu'on n'aurait pas dû demander et ce qu'il pouvait refuser (1). Son calme, sa fermeté et sa condescendance excitèrent l'admiration des hommes honorables qui, avec courage et générosité, s'étaient constitués ses défenseurs.

Ceux qui l'approchaient admirèrent également la résignation et l'égalité d'âme qu'il fit paraître, lorsque voyant ses revenus réduits à plus de moitié, il fut contraint de renvoyer une partie de ses domestiques; de vendre ses chevaux, à l'exception d'un seul; et de diminuer le train de sa maison.

Après avoir adoré les desseins de Dieu sur la France, il se soumit, par devoir de conscience, sans bassesse et sans adulation, sans renoncer à ses anciennes affections et sans intention de faire de l'opposition, au nouvel ordre de choses, à l'égard duquel

(1) On peut voir sa lettre circulaire du 20 février 1831, par laquelle il rappelle l'antique usage suivi par l'Eglise, dans les prières pour le roi, et permet d'ajouter le nom du roi au verset : *Domine salvum fac regem.*

il a scrupuleusement rempli les devoirs de la justice. Sa charité le porta même à faire cesser l'abonnement à l'un des journaux reçus à l'Evêché, à cause des personnalités peu charitables auxquelles il se livrait (1).

Les grands événements dont nous venons de parler, qui ont été si féconds en utiles enseignements, pour ceux qui ont voulu réfléchir, lui firent comprendre qu'un Ministre de la Religion, pour exercer une salutaire influence sur les hommes de toutes les opinions, doit, dans les circonstances actuelles, comme au temps des Apôtres, se renfermer strictement dans le cercle de ses attributions religieuses, envisager les événements avec les yeux de la foi, se tenir en dehors des luttes et discussions des partis, *et se faire tout à tous pour gagner tous les hommes à Jésus Christ* (2). C'est d'après ces vues qu'il a réglé sa conduite depuis cette époque.

Le courage avec lequel il a su, depuis cette époque, pour le bien de la Religion, faire abnégation de ses opinions et de ses sentiments, l'attention qu'il a apportée à ne pas dépasser les limites de l'ordre religieux, la bienveillante bonté avec laquelle il a toujours accueilli les hommes de tous les partis, sa fidélité à accomplir tous ses devoirs, ses vertus enfin

---

(1) Nous nous abstiendrons de désigner ce journal qui se publiait à Paris.

(2) *Omnibus, omnia factus sum, ut omnes facerem salvos.* (I, Cor, IX, 22).

ont peu à peu dissipé toutes les préventions, et lui ont ramené tous les cœurs. A mesure que les préjugés ont diminué, et qu'on l'a approché davantage, on l'a mieux connu ; et on n'a pu le connaître sans l'aimer. Dans ces dernières années surtout, il était devenu l'objet de l'admiration, de la vénération et de l'amour de son peuple : quand il paraissait quelque part, on s'empressait de lui rendre hommage ; et au moment de sa mort les organes de tous les partis ont célébré ses louanges.

Contemplons maintenant, selon le conseil de l'Apôtre, le vieux Pontife, à l'approche et au moment de la mort, *intuentes exitum conversationis*; afin de profiter de ses exemples et d'apprendre surtout à bien mourir.

Depuis plusieurs années, on remarquait un affaiblissement progressif de ses forces, dont il se plaignait lui-même, mais pendant *que l'homme extérieur se dissolvait, l'homme intérieur se renouvelait de jour en jour* (1). Ceux qui l'observaient, admiraient l'action sensible du Saint-Esprit qui soutenait son zèle, nourrissait sa tendre piété, augmentait la pureté de ses intentions ainsi que la délicatesse de sa conscience, et perfectionnait toutes les dispositions de son âme.

Il fallait bien qu'il eût quelque pressentiment de sa fin prochaine, car, en 1842, dans la crainte de ne

_____
(1) *Licet is, qui foris est, noster homo corrumpatur; tamen is, qui intus est, renovatur de die in diem.* II, Cor., IV, 16.

pouvoir faire une autre visite de son Diocèse, il voulut achever la visite générale qu'il avait commencée en 1838. Il visita environ 105 paroisses, n'ayant pas voulu consentir à en laisser une partie pour l'année suivante.

Il soutint très bien les fatigues de la longue tournée qu'il fit après Pâques; mais presque immédiatement après son retour à Limoges, il fut atteint du mal qui l'a conduit au tombeau. Il sentit le besoin de se préparer à la mort; et voulut, comme saint Charles, s'y préparer par une retraite. C'est dans ce but qu'au mois de décembre de la même année, il se retira dans son Séminaire, et suivit régulièrement tous les exercices de celle qui fut donnée pour préparer les jeunes Séminaristes à l'ordination de Noël. Il en sortit avec une nouvelle ferveur et après avoir pris la résolution, pour entretenir la science qui lui était nécessaire, de se faire lire *les livres disciplinaires* du Diocèse, et un traité complet de Théologie.

Ce fut peu de jours après sa sortie du Séminaire qu'ayant appris qu'une retraite qu'il faisait donner à la maison Centrale produisait d'heureux fruits et que le nombre des confesseurs était insuffisant, il nous déclara qu'il était décidé à aller se joindre à eux, *dans la crainte que si un seul homme restait sans pouvoir se confesser, Dieu ne lui en imputât la faute.* Tous ceux qui connurent cet acte de zèle apostolique furent bien édifiés de voir, pendant quatre jours, le pieux vieillard assidu à entendre, dans la chapelle de la maison Centrale, les confessions de tous les prisonniers qui voulurent s'adresser à lui.

Malgré les progrès du mal, on eut beaucoup de peine à obtenir qu'il renonçât, au moment où il était sur le point de l'entreprendre, à sa visite pastorale de l'année 1843.

Il eut à faire un autre sacrifice qui dut lui coûter beaucoup. Pour accomplir le serment fait le jour de son Sacre, il voulait, avant de mourir, aller à Rome rendre compte, au vicaire de Jésus-Christ, de son administration et de l'état de son Diocèse. Dieu ne lui permit pas de réaliser ce projet qu'il méditait depuis longtemps et qu'il avait l'intention d'exécuter au mois de juin de cette année.

Au mois de juillet, il voulut, comme les années précédentes, présider les exercices de la *retraite pastorale :* ce fut un beau sujet d'édification pour le Clergé de voir le courageux vieillard, appuyé sur un bâton (1) et sur le bras d'un de ses Prêtres, se rendre péniblement à toutes les réunions.

Lorsqu'au mois de décembre on lui proposa, d'après l'avis de son médecin, de recevoir le dernier des Sacrements de l'Eglise, il répondit avec une admirable abnégation de ses propres sentiments, que, quoiqu'il fût convaincu qu'on s'exagérait le danger de son état, *il était prêt à faire ce qu'on désirait.* Il

(1) C'est pendant cette retraite qu'il a commencé à se servir d'une canne.

comprit que la prudence lui faisait un devoir « de » ne pas *s'exposer à être surpris par la mort* », et il » saisit avec empressement cette occasion « *de tra-* » *vailler, par son exemple, à détruire le funeste pré-* » *jugé qui porte tant de Chrétiens à attendre la der-* » *nière extrémité pour recourir aux secours de la* » *Religion* (1). »

C'est ici le lieu de faire remarquer que, quoique parfois il ait paru se laisser un peu préoccuper du désir de recouvrer la santé et de prolonger sa vie, il a toujours su se tenir dans une entière soumission à la volonté de Dieu. Une année environ avant sa mort, à la suite d'une crise qui n'eut pas de suite, il dit à l'un de nous, dans un de ces épanchements, où l'homme se montre tel qu'il est : « Je ne me fais » pas illusion; je vois bien que ce que j'éprouve est » l'indice d'une fin prochaine. Si je ne m'abuse pas, » il me semble que je suis indifférent à l'égard de la » vie ou de la mort, et que je n'ai d'autre *volonté* » *que celle de Dieu.* » On l'a constamment entendu parler de la même manière dans toutes les phases de sa longue maladie (2).

(1) Paroles tirées de la lettre pastorale qu'il adressa à cette occasion aux Fidèles et au Clergé de son Diocèse.

(2) C'est cette disposition de son âme qui le portait à dire souvent aux personnes qui venaient le voir : « Priez non pour m'obtenir une » prolongation d'existence, mais une bonne mort. » C'est par le même motif, que, lorsqu'au mois de décembre dernier, il sollicita les prières de son peuple, il voulut qu'on dît à la Messe l'Oraison, non *pour un infirme*, mais *pour l'Evêque*, « parce que, dit-il, elle embrasse plus que » *l'autre les grâces nécessaires au salut.* »

Quoique, pendant les derniers quinze jours de sa longue agonie, le mal eût fait des progrès effrayants, ce n'est que l'avant-veille de sa mort qu'il connut clairement que sa dernière heure n'était pas éloignée (1). Loin de laisser apercevoir alors aucun mouvement de faiblesse, il fut admirable par sa résignation, son calme et sa piété. Il désira recevoir en viatique Notre Seigneur, quoiqu'il eût communié le matin à une Messe qu'il avait entendue dans sa chapelle (2). Il se reprochait ne pas assez aimer son Dieu ; et de temps en temps il offrait au Seigneur tous les mérites et tous les sentiments de religion des Saints pour suppléer à son impuissance. On eut de la peine à obtenir qu'il s'abstînt de réciter son Bréviaire (3). Il recommandait à ceux qui le soignaient de lui suggérer fréquemment de pieuses pensées, afin de paralyser les effets du mal, et de tenir constamment son

(1) Il a dit la sainte Messe jusqu'au vendredi 1er mars ; à dater du samedi 2 mars, jusqu'au mardi 5, avant-veille de sa mort, il s'est fait porter dans sa chapelle en habits de cœur pour l'entendre et y communier.

Le lundi 4 mars, il eut encore le courage de bénir dans sa chapelle un mariage, afin de donner à une honorable famille un témoignage de l'intérêt qu'il lui portait. Il parla même plus d'une demi-heure, « ayant » voulu, disait-il ensuite, profiter de cette circonstance pour chercher à » toucher les hommes qui pouvaient se trouver là, et à les prémunir » contre le respect humain.

(2) Cela est autorisé par le rituel du diocèse qui, à la page 96, contient le passage suivant : « Ceux qui, après avoir communié le matin à » l'Eglise tomberaient dans un danger pressant de mort pourraient » recevoir le saint Viatique le même jour ».

(3) Non content de l'avis de son médecin et de la décision de son confesseur, il voulut encore connaître le sentiment de deux autres personnes de son conseil.

esprit appliqué à Dieu. Quand on lui rappelait les diverses indulgences accordées par l'Eglise, pour le moment de la mort, il s'empressait, afin d'en profiter, de faire un acte d'acceptation de la mort, comme venant de Dieu, en expiation des péchés de sa vie passée, et en esprit de soumission à la volonté divine (1), et il prononçait avec foi et amour les saints Noms de Jésus et de Marie.

Le matin du jour de sa mort, il eut une crise qui nous portât, après avoir récité les prières des agonisants, à lui demander sa dernière bénédiction. Qu'il fut alors sublime et touchant! avec quel attendrissement, à genoux auprès de son lit, nous recueillîmes les paroles qu'il nous adressa d'un ton pénétrant et dont voici la substance : « J'ai passé, dit-il,
» la moitié de ma vie dans le siècle, et l'autre dans
» des emplois qui entraînent beaucoup de responsa-
» bilité, oui, beaucoup!..... J'ai dû contracter une
» grande dette envers la justice divine, mais je compte
» sur la grande miséricorde de Dieu!.. Oui, je vous
» bénis!.. Je bénis mes Communautés religieuses!..
» Je bénis mon Clergé!.. Je bénis les pécheurs!..
» Je bénis tout mon Diocèse!... Et il ajouta, en se
» tournant vers sa petite nièce qui était agenouillée
» à côté de son lit : « Je vous bénis aussi, mon en-
» fant! je bénis tous mes parents! »

Il demanda alors que le saint Sacrifice de la Messe

(1) La condition principale pour gagner les indulgences accordées en faveur des mourants, *c'est d'accepter la mort de la main de Dieu avec calme et résignation.* (Const. *Pia Mater* de Benoît XIV, du 5 avril 1747.)

fût offert pour lui en l'honneur *du très saint et immaculé Cœur de Marie*, à l'autel de la cathédrale qui lui est consacré, où il était allé souvent prier, et où tant de prières avaient été adressées à Dieu pour sa conservation.

A une heure, il voulut se purifier une dernière fois par la réception du Sacrement de Pénitence. Il régla ensuite quelques affaires, et ajouta de vive voix quelques dispositions à celles contenues dans son testament.

Peu d'instants après, le jeudi 7 mars 1844, à deux heures du soir, entouré de plusieurs Prêtres qui priaient prosternés, ayant près de lui son confesseur, il rendit paisiblement et sans effort, sa belle âme à son Créateur.

« Il est mort comme David, dans une bonne vieil-
» lesse, plein de jours, de richesses pour le ciel,
» et de gloire véritable (1), » dans un état honorable de pauvreté, mais non d'insolvabilité. Il a pu au contraire donner aux pauvres qu'il a toujours si tendrement aimés un nouveau témoignage de son amour, en faisant, par son testament où il exprime le regret de ne pouvoir donner davantage, divers legs en leur faveur; et en léguant spécialement, dans leur intérêt, aux Sœurs de la Charité, les orangers qui ornaient ses jardins (2).

(1) *Mortuus est in senectute bonâ, plenus dierum, et divitiis et gloriâ.* I, Paral., XXIX, 28.

(2) On lira avec intérêt les dispositions suivantes contenues dans son testament olographe du 22 mai 1843 : « L'amour que Notre-Seigneur

Vous avez été témoins, mes Frères, des regrets universels dont il a été l'objet; de l'empressement des Fidèles de toutes les classes à venir visiter son corps, dès qu'il a été exposé, et même à lui faire toucher leurs croix, chapelets et autres objets semblables!

Tous les cœurs ont été émus! toutes les bouches se sont ouvertes pour faire son éloge! tous, sans distinction de rang, d'opinion, ont voulu assister à la cérémonie de ses funérailles!

C'était un bel et touchant hommage rendu en même temps *à la Religion*, qui avait été la source de la dignité et des vertus que l'on entendait honorer dans l'Evêque défunt; et *à la mémoire du Pontife*, qui, par sa fidélité aux inspirations de cette sainte Religion, s'était ainsi rendu digne de la vénération et de l'amour de son peuple!

───o●o───

» Jésus-Christ m'a donné pour les pauvres me porterait à leur faire » d'amples dons si ma fortune me le permettait. *Mais ma pauvreté* ne » me permet que de leur faire des dons modiques qui sont le don de la » veuve et qui sont une marque de l'intérêt que je leur porte. » A la suite de ce préambule il lègue à chacun de MM. les curés de Limoges 100 fr.; à la supérieure de la maison du Bon-Pasteur 100 fr.; à celle de la Providence de Limoges 100 fr.; à celle de la Providence de Guéret 100 fr.; à M. le président de la conférence de St-Vincent-de-Paul, 25 fr.; aux deux maisons des filles de la Charité de St-Vincent-de-Paul de Limoges, ses orangers et arbustes; à M. le curé de la paroisse de Villes lieu de sa naissance 50 fr.

II.

Tableau de l'administration épiscopale de Monseigneur Prosper de Tournefort.

Les Evêques ont été institués par Jésus Christ pour le représenter et continuer son œuvre (1) jusqu'à la consommation des siècles (2). Ils ont reçu la double mission *d'enseigner aux hommes les vérités révélées*, dont le dépôt leur a été confié (3); et de *leur dispenser les mystères de Dieu* (4), c'est-à-dire tous les biens de la Rédemption.

Comme c'est par eux principalement que la Religion chrétienne s'est établie, propagée, conservée, et qu'elle a exercé sa salutaire influence sur les peuples ; on doit donc les regarder comme les principaux instruments de tous les biens répandus sur le monde, depuis dix-huit siècles, par le Christianisme. L'histoire, étudiée avec ces vues de foi, fait naître en nous des sentiments de vénération, de reconnaissance et d'amour pour le corps sacré des Evêques catholiques.

Que ne devons-nous pas à Saint Martial et à cette longue chaîne d'Evêques qui ont gouverné après lui l'antique Eglise de Limoges, où la vraie foi s'est toujours conservée dans toute sa pureté?

---

(1) *Sicut misit me Pater, et ego mitto vos.* Joan., XX, 21.

(2) *Et ecce ego vobiscum sum omnibus diebus, usque ad consummationem sæculi.* Matth., XXVIII, 20.

(3) *Euntes ergo docete omnes gentes... docentes eos servare omnia quæcumque mandavi vobis.* Matth., XXVIII, 19, 20.

(4) *Dispensatores mysteriorum Dei.* (I, Cor., IV, 1.)

Pour vous mettre à même d'apprécier avec vérité votre dernier Evêque que vous avez vu marcher avec tant de zèle sur les traces de ses illustres prédécesseurs, et d'avoir des idées justes de ce qu'il a fait pour le Diocèse, je vais essayer de vous faire connaître l'esprit qui l'a dirigé dans son administration, ainsi que les œuvres qui en ont été le fruit.

I. Il regardait la dévotion envers « le Saint-Esprit » qui nous a été donné pour répandre la charité dans » nos cœurs (1) » et nous faire vivre d'une vie semblable à celle de Jésus Christ (2), et pour assister, d'une manière particulière, les Pasteurs des âmes (3), comme la dévotion propre des Evêques. Le sentiment de son impuissance naturelle, qui lui faisait sentir le besoin de l'assistance de ce divin Esprit, le portait à recourir sans cesse à lui. Voici ce qu'il dit un jour sur ce sujet dans un moment d'abandon, à deux des Ecclésiastiques qui vivaient avec lui : « Quoique je sois » bien misérable et que je ne mérite pas que le Sei- » gneur écoute mes prières, chaque jour néanmoins, » après ma Messe, je m'abandonne au Saint-Esprit » pour qu'il gouverne lui-même mon Diocèse; je lui » demande cette grâce plusieurs fois par jour. Quand » je rencontre une difficulté, je le prie de m'éclairer;

(1) *Charitas Dei diffusa et in cordibus nostris per Spiritum Sanctum qui datus est nobis.* Rom., V, 5.
(2) Joan., VI, 58; X, 10, etc.
(3) *Et ecce ego vobiscum sum omnibus diebus usque ad consummationem sæculi.* Matth., XXVIII, 20.

» et je me décide ensuite pour le parti que je crois
» le meilleur (1). »

C'est à cette attention à recourir au Saint-Esprit, et à s'abandonner à son action, qu'il faut attribuer la sagesse qui a présidé à l'ensemble de son administration.

Il n'aimait à prendre aucune mesure avant de s'y sentir intérieurement incliné ; il était très fidèle à suivre ce mouvement intérieur ; et on l'a entendu avouer qu'il s'était quelquefois trompé en s'en écartant pour adopter l'avis des autres.

Cette grande dépendance du Saint-Esprit était accompagnée d'un vif désir de faire le bien et de prendre les moyens convenables pour l'opérer ; d'une parfaite droiture de cœur ; et d'une admirable pureté d'intention.

C'est surtout lorsqu'il avait à pourvoir de Pasteurs les Paroisses vacantes qu'il manifestait son humilité, et la pureté de ses vues. Après avoir pris l'avis des membres de son conseil, il suspendait assez souvent pendant plusieurs jours sa décision, afin d'attirer en lui la lumière d'en haut par la prière, et d'examiner la chose devant Dieu ; et il ne se décidait qu'après avoir cru reconnaître la volonté divine. C'est encore à cette sage lenteur accompagnée d'une grande défiance de lui-même, et d'un humble recours à Dieu

(1) Sa grande dévotion envers le St-Esprit, le portait à dire souvent la messe votive du St-Esprit, et à en réciter les oraisons toutes les fois que la solennité de la fête n'y mettait pas obstacle.

qu'il faut attribuer la bonté de la plupart des choix qu'il a faits.

Il avait compris cette maxime du Sauveur que *celui qui est le premier entre ses frères doit être le serviteur de tous* (1) : et à l'exemple du grand Apôtre, il se regardait comme *débiteur envers tous* (2) : c'est pour cela qu'à toutes les heures du jour il se tenait à la disposition de tout le monde, et recevait tous ceux qui désiraient lui parler.

Conformément à la recommandation faite par le Prince des Apôtres aux Pasteurs *de ne pas paître le troupeau de Dieu avec esprit de domination* (3) ; *la bonté a toujours été le caractère dominant de son gouvernement qui était tout paternel*. Il aurait voulu pouvoir faire la volonté de tous ; et il avait surtout un grand désir de contenter ses Prêtres dans la distribution des emplois. C'est cette bonté peut-être excessive qui le portait assez souvent à revenir sur des mesures prises, qui fit accuser plus d'une fois son administration d'être incertaine, inconstante et mobile.

---

(1) *Scitis quia principes gentium dominantur eorum... non ita erit inter vos : sed quicumque voluerit inter vos major fieri, sit vester minister : et quicumque voluerit inter vos primus esse, erit vester servus.* Matth., XX, 25, 26, 27.

(2) *Græcis ac Barbaris, sapientibus et insipientibus debitor sum.* Rom., I, 14.

(3) *Pascite qui in vobis est gregem Dei, providentes non coactè, sed spontanée secundum Deum : neque turpis lucri gratiá, sed voluntariè : neque ut dominantes in cleris, sed forma facti gregis ex animo.* (I, Pet., V, 2, 3.)

Malgré son penchant à contenter ceux qui lui adressaient des réclamations, quand la conscience parlait, il était d'une fermeté inflexible, et lorsqu'il avait pris une mesure rigoureuse qu'il jugeait nécessaire, il savait tenir la main à son exécution.

Plein de défiance de lui-même, il aimait à ne rien faire d'important sans prendre l'avis des hommes auxquels il avait donné sa confiance (1). Il voulait qu'ils lui parlassent avec franchise et liberté, et il les écoutait avec une bienveillance qui leur permettait de lui dire la vérité tout entière.

Dans les affaires graves il était attentif à se tenir à l'abri de toute autre influence ; il savait alors résister aux sollicitations des personnes même élevées, et de celles qu'il affectionnait. Quoiqu'il fût plein de bonté pour ses domestiques, il veillait pour ne pas leur laisser exercer sur lui un empire dangereux. Comme sa manière de voir à cet égard était connue, on ne recourait à leur médiation que pour les aumônes (2).

Il était étranger à ces préventions contre tout ce qui est nouveau, qui porte certains vieillards à s'op-

---

(1) Il réunissait exactement tous les *mardis* les membres de son conseil, et délibérait avec eux sur les affaires importantes.

(2) Il disait un jour : les vieillards se laissent souvent mener par leurs domestiques, mais je veillerai pour que les miens ne prennent pas un tel empire sur moi.

Ses domestiques qui connaissaient ses intentions ne cherchaient pas à se mêler des affaires du Diocèse. Pour entrer dans ses vues ils se sont toujours montrés pleins de respect pour les Ecclésiastiques, et pleins de compassion pour les pauvres.

poser aux changements utiles et aux améliorations.
Il avait au contraire des vues grandes et élevées, et
comme sa volonté était constamment inclinée vers le
bien, il était toujours disposé à favoriser les œuvres
conçues par d'autres, lorsqu'il en avait reconnu l'utilité. Il comprenait les besoins de son époque, et savait, sans violer les principes, en tenir compte dans
les décisions qu'il donnait.

Après avoir indiqué l'esprit qui a dirigé Mgr de
Tournefort dans le gouvernement de son Diocèse, je
vais rappeler, d'une manière succincte, les principales œuvres que la Providence a accomplies par lui,
pendant qu'il a été Evêque de Limoges.

II. Comme il était profondément convaincu de la
nécessité du culte extérieur et de l'heureuse influence
qu'il exerce sur les peuples, il a toujours travaillé à
lui procurer dans le Diocèse la décence et la pompe
qui lui conviennent.

C'est, sur sa demande, que le Saint-Père a fait don
à l'église cathédrale de cette précieuse relique de
saint Etienne, dont la translation eut lieu, en 1840,
avec beaucoup de solennité. C'est à ses actives et persévérantes démarches que cette même cathédrale doit
ses plus beaux ornements et son jeu d'orgue. C'est à
lui qu'elle devra peut-être un jour sa restauration et
son achèvement!.. L'admiration dont il était pénétré
pour l'architecture de la partie faite lui inspira le désir de la voir restaurer et continuer; et le porta à

demander au roi de faire reprendre les travaux. Puisse cette noble et grande pensée du Pontife devenir populaire ! Puisse-t-elle être adoptée par les hommes influents du pays ! Oui, faisons tous des vœux pour que ce magnifique monument de l'art chrétien et de la foi de nos pères, ne reste pas défiguré et inachevé !

Son zèle pour le culte a étendu son action à toutes les paroisses du Diocèse : par ses lettres pastorales (1), par ses recommandations faites de vive voix, par ses réglements et ordonnances (2), il a produit un mouvement à peu près général qui a eu pour effet de faire réparer et orner la plupart des

---

(1) Dans le mandement publié en 1826 pour le Jubilé, dans les deux lettres pastorales adressées à son Clergé en 1838 et 1839, à l'occasion de sa visite, et dans l'instruction pastorale du 8 décembre dernier sur les Confréries, il manifeste l'intérêt qu'il prenait à tout ce qui concerne le culte ; il indique les abus à corriger ; et il rappelle les sages prescriptions de l'Eglise relatives à la décoration et à la propreté des églises, à l'entretien de la lampe devant le Saint-Sacrement, aux tabernacles, aux vases sacrés, aux fonds baptismaux, aux linges et ornements, à la tenue des sacristies, à l'organisation et administration des fabriques, aux cimetières, etc., et il recommande de mettre tout en œuvre pour rendre dans toutes les paroisses les offices publics aussi solennels que le comporte la localité, et pour rétablir partout l'usage des offices chantés.

(2) Par ses ordonnances des 5 janvier 1826, 26 février 1834 et 21 juillet 1839, il défend de faire usage des ciboires dont la coupe ne serait pas en argent et dorée à l'intérieur, des ostensoirs dont la gloire ne serait pas en argent et le croissant en argent doré, des linges d'autel qui ne seraient pas faits de lin ou de chanvre, des vases destinés à contenir l'eau du baptême qui ne seraient pas en étain ou autre métal ; il renouvelle les anciennes ordonnances qui prescrivent d'entretenir une lampe allumée jour et nuit devant le Saint-Sacrement, de chanter la Messe e^t les Vêpres à des heures séparées et convenables les jours de dimanches et fêtes, de tenir les cimetières clos, etc.

églises, et de garnir les Sacristies des linges et ornements nécessaires.

L'attention qu'il donnait au culte de Dieu ne lui a jamais fait oublier que la mission donnée à Jésus-Christ, et aux Evêques ses représentants, a pour fin principale *d'empêcher les hommes de périr et de les conduire à la vie éternelle* (1). C'est pourquoi on l'a toujours vu, plein de zèle, travailler sans relâche au salut de tout le troupeau et à la conversion des pécheurs, par ses prières, ses visites pastorales, ses mandements (2) et ses prédications, par l'oblation du saint Sacrifice de la Messe (3), par les missions qu'il a fait donner dans beaucoup de lieux où elles ont

---

(1) *Sic enim Deus dilexit mundum, ut filium suum unigenitum daret: ut omnis qui credit in eum, non pereat, sed habeat vitam æternam.* (Joan., III, 16.)

(2) Ses mandements et lettres pastorales sont tous inspirés par le désir de sauver son peuple : ils sont pleins d'enseignements et d'exhortations qui ont pour fin directe de convertir les pécheurs et de préserver les justes.

Dans la lettre pastorale qu'il donna à l'occasion de sa prise de possession, il disait à son peuple : « Que voulons-nous?... Pourquoi parlons-nous? Pourquoi montons-nous sur ce siége? N'est-ce pas afin » que nous vivions ensemble pour Jésus-Christ ? *Nous ne voulons pas » être sauvé sans vous. Venez, nous ne voulons pas aller à Jésus-» Christ sans vous*, etc., (page 5.)

Dans son dernier mandement après avoir rappelé à son peuple qu'il n'a rien négligé pour son salut, il fait un dernier effort auprès des pécheurs pour les ramener à Dieu. (Mandement pour le carême de 1844; voir aussi la lettre pastorale du 8 décembre 1843.)

(3) Nous lui avons souvent entendu dire que tous les jours il priait à l'autel pour toute l'Eglise, pour la propagation de la Foi, pour les Evêques, pour le Clergé, pour les Communautés religieuses, pour son Diocèse, pour ses coopérateurs, pour la conversion des pécheurs, etc.

produit un ébranlement salutaire ; et par tous les moyens qu'il a pu employer.

Frappé de cette *affirmation* de Benoît XIV » qu'une grande partie de ceux qui sont condamnés » aux supplices éternels, subissent cette terrible » peine pour avoir ignoré *les Mystères de la Foi* » *qu'il faut nécessairement connaître et croire,* si » l'on veut appartenir à la société des Elus (1) ». Il avait compris qu'il était actuellement plus nécessaire que jamais de donner aux populations une instruction religieuse étendue et solide. Dans le but de substituer aux ténèbres de l'ignorance les vives et bienfaisantes lumières de la Foi, après avoir fait annoncer dans un grand nombre de paroisses, par des hommes apostoliques, les vérités les plus importantes, il adressa à son Clergé une Instruction pastorale très remarquable, *sur la nécessité d'instruire les peuples* (2) ; par une ordonnance imprimée à la suite, « il renouvela les ordonnances et réglements

---

(1) « *Illud affirmamus magnam eorum partem qui æternis sluppiciis* » *damnantur, eam calamitatem perpetuò subire ob ignorantiam mys-* » *teriorum fidei, quæ scire et credere necessariò debent, ut inter electos* » *coaptentur : multi enim* (inquit Cornelius), *laborant ignorantiâ crassâ* » *articulorum fidei, quos explicitè scire et credere tenentur æquè ac* » *sacramentorum.* (Just. XXVII, n° 18. — Instruct. past., du 1er août 1829, p. 8.)

(2) Il serait à désirer que cette *instruction* qui signale l'ignorance religieuse qu'on remarque dans le Diocèse, et qui expose solidement la doctrine catholique sur l'obligation des fidèles de connaître les vérités nécessaires au salut, sur celle des Pasteurs de les instruire, et sur les moyens à employer pour cela, fût continuellement lue et méditée par les Prêtres qui ont charge d'âme !

» publiés par ses prédécesseurs, concernant les Prô-
» nes et Catéchismes »; et il prescrivit de faire
chaque année « pendant l'Avent et le Carême, trois
» fois par semaine, à la chute du jour, une courte
» Instruction ou Lecture pieuse qui serait suivie de
» la Bénédiction avec le Saint-Ciboire. » C'est pour
atteindre le même but qu'il a fréquemment rappelé
aux Pasteurs l'obligation qui leur est imposée de
s'instruire et d'instruire les Fidèles qui leur sont
confiés (1); et qu'il a étendu ses visites aux plus
petites Paroisses, prêchant partout, et interrogeant
partout les enfants. Quel bien n'a-t-il pas produit
par ces interrogations (2), qui avaient pour résultat
de rendre les enfants assidus au Catéchisme, d'exciter
parmi eux une heureuse émulation, de constater
leur capacité et leur science, enfin de seconder et de
stimuler le zèle des Pasteurs !

C'était également en vue du salut de son peuple,
et pour attirer sur lui les heureux effets de la pro-
tection du Sauveur et de sa sainte Mère, qu'il con-
sacra sa personne et son Diocèse, en 1839, au très

(1) Les lettres pastorales publiées à l'occasion de sa prise de possession, et des visites pastorales de 1838 et de 1839, et l'instruction pastorale sur les Confréries du 5 décembre 1843, renferment des enseignements et des recommandations utiles sur l'obligation imposée aux Pasteurs d'instruire les Fidèles, et sur la manière de remplir cette grave
obligation.

(2) Dans les paroisses où l'instruction était faible, il lui est quelquefois
arrivé de passer plusieurs heures à interroger tous les enfants. Ces interrogations étaient moins pénibles dans les dernières années, car il
trouvait presque partout les enfants suffisamment instruits.

saint et Immaculé Cœur de Marie (1), et au mois de juillet dernier, au Sacré Cœur de Jésus (2).

Les Communautés religieuses, dont il appréciait l'utilité (3) pour conduire les âmes à la perfection, pour prévenir les effets de la colère divine et attirer les bénédictions célestes par leurs prières et bonnes œuvres, pour élever chrétiennement la jeunesse, et pour servir d'exemple au reste des Fidèles, ont tou-

(1) « Dès que nous connûmes l'existence de l'association *en l'honneur du Cœur de Marie pour la conversion des pécheurs*... nous crûmes apercevoir que Dieu voulait s'en servir pour ranimer la foi dans ce Diocèse. *C'est pour cela que nous nous empressâmes de l'établir dans notre église cathédrale, et qu'au jour de son installation,* (le lund 9 décembre 1839, jour de la célébration de la fête de l'Immaculée Conception), *nous consacrâmes solennellement à haute voix notre personne et notre Diocèse au très-saint et Immaculé Cœur de Marie* ». (*Inst.* past. sur les conf. du 8 décembre 1843, p. 154.)

(2) Dans *l'instruction pastorale* citée à la note précédente, après avoir fait remarquer (p. 115), « que la dévotion au sacré Cœur de Jésus est un des principaux moyens réservés par la Providence à ces derniers siècles, pour combattre l'incrédulité, l'impiété et l'indifférence, et ramener les hommes à la foi, à l'amour de J.-C. et à l'observation de sa loi, » il ajoute : « *C'est pour entrer dans les desseins de cette adorable Providence, et pour attirer sur notre Diocèse les bénédictions attachées à cette dévotion, que nous avons consacré, le 30 juillet dernier, notre personne et tout le troupeau qui nous est confié au divin Cœur de Jésus* ».

(3) Voici comment il parlait des Communautés religieuses dans sa lettre publiée à l'occasion de sa prise de possession : « Vierges chrétiennes, vos prières s'élèveront devant le trône de Jésus Christ. En multipliant vos saintes réunions dans cette ville privilégiée, il a eu des vues de miséricorde particulières sur elle, *pour former à la Religion des âmes pieuses, et préparer à la société des mères chrétiennes.* En vous plaçant autour de notre demeure, il a voulu aussi établir un rampart qui en écarte les ennemis de l'œuvre qu'il nous a confiée, et *faire un concert de prières qui attire sur nous ses bénédictions.* »

jours eu beaucoup de part à son attention et à ses soins. Il les dirigeait avec sagesse et tenait la main à l'observation des règles ; il aimait à aller les visiter, célébrer leurs fêtes et présider leurs cérémonies ; il était toujours disposé à les protéger, à favoriser leur multiplication, et à s'occuper de leurs intérêts (1).

Le Clergé était surtout l'objet de sa vigilante et constante sollicitude : il a travaillé 1º à le *recruter*, par les invitations réitérées et pressantes qu'il a adressées aux Fidèles pour les porter à concourir par leurs dons à l'éducation des jeunes gens pauvres appelés à l'état ecclésiastique (2), et par son attention à disposer, dans ce but, en faveur des Petits-Séminaires, de la majeure partie des revenus du Diocèse ; 2º à le *maintenir dans la régularité* par son exemple (3), et par son application à faire observer les règlements

---

(1) Comme il connaissait la sagesse de la législation canonique sur les Communautés, et les graves raisons qui ont porté l'Eglise à tenir les religieuses séparées du monde et à les soustraire le plus possible au contact du siècle, il s'est toujours opposé à ce que les Communautés de son Diocèse fussent soumises à d'autres visites qu'à celles de l'autorité spirituelle, nonobstant des instances vives et réitérées, et des retranchements de subsides.

(2) Dans les mandements de carême de 1826 et 1827, il gémit sur le nombre des paroisses vacantes ; il manifeste un vif désir d'être en état de les pourvoir pendant les années de son Episcopat ; il sollicite les aumônes des fidèles en faveur des aspirants à la cléricature qui sont pauvres ; et il recommande aux Pasteurs d'exciter leurs paroissiens à remplir ce devoir.

(3) Il a toujours porté le costume ecclésiastique complet même dans les voyages qu'il faisait hors de son Diocèse.
Par respect pour les saints Canons qui recommandent aux Ecclésias-

de discipline (1); 3° *à le faire croître en grâce, à le remplir de l'esprit ecclésiastique, et à l'exciter à la piété* par les retraites qu'il a fait donner chaque année et dont il a toujours présidé les exercices (2), et

tiques d'éviter *les festins* et *surtout les festins de noces* (Ordonnances synodales de Limoges, p. 12 et 191), il a souvent refusé d'assister à des repas de noces, quoiqu'il eût donné la bénédiction nuptiale aux époux.

Malgré de pressantes invitations, il n'a jamais voulu assister aux courses de chevaux, dans la crainte d'aller contre la lettre ou au moins contre l'esprit des Canons de discipline relatifs au Clergé.

Conformément aux recommandations des Conciles, depuis plusieurs années il faisait faire la lecture pendant les repas.

(1) Voici ce qu'on lit dans une circulaire du 9 février 1835 : « Sui-
» vant les pressantes exhortations que nous avons faites verbalement, à
» la fin de plusieurs retraites pastorales, nous recommandons à tous les
» Prêtres et Clercs de porter, dans le lieu de leur résidence, l'habit
» ecclésiastique tel qu'on le porte au Séminaire, savoir : la soutane, la
» ceinture, le rabat et le chapeau tricorne, et de s'abstenir de l'usage
» des pantalons, si ce n'est en voyage par nécessité. A l'avenir on ne
» sera reçu à l'Evêché qu'autant qu'on s'y présentera avec l'habit ecclé-
» siastique ci-dessus désigné. »

Mgr de Tournefort a en outre renouvelé, comme on l'a dit plus haut, plusieurs ordonnances de ses prédécesseurs sur des points importants ; il a fait un nouveau réglement pour les honoraires des fonctions ecclésiastiques ; et il a fait observer, avec beaucoup de fermeté, le statut, en vigueur dans le Diocèse, qui défend aux Ecclésiastiques de prendre des servantes qui n'aient pas au moins 45 ans, et il n'accordait même jamais de dispense avant 40 ans.

En 1841, dans le but de donner plus de temps aux jeunes élèves pour se former à l'état Ecclésiastique et en acquérir l'esprit ainsi que les habitudes, il statua qu'à l'avenir un cours de philosophie serait ajouté aux cours faits dans le Grand-Séminaire ; et que tous les aspirans au Sacerdoce seraient obligés de suivre ce cours.

(2) C'est Mgr de Tournefort qui a porté à sept jours la durée des Retraites, qui n'était auparavant que de cinq jours. (*Lettre-circulaire du 24 mai 1826.*)

par ses exhortations verbales et écrites (1); 4° *à lui inspirer l'amour de l'étude, et à le porter à acquérir la science ecclésiastique,* par ses lettres pastorales (2); et surtout par l'établissement des conférences ecclésiastiques (3); 5° *à subvenir aux besoins des Prêtres infirmes, âgés ou sans fonctions,* par la création d'une caisse de secours (4).

Le désir qu'il avait de voir régner la régularité dans l'ordre ecclésiastique, lui avait suggéré la pensée de publier un *corps de statuts ou lois disciplinaires* pour son Diocèse. Il est mort avec le regret de n'avoir pas eu le temps de réaliser cet important et difficile projet, dont l'idée le préoccupait continuelle-

(1) Non content d'exhorter, dans les retraites pastorales, son Clergé à *vivre d'une manière digne de sa vocation,* il lui a plusieurs fois adressé dans ce but des lettres pastorales. On peut voir spécialement celles qui ont été publiées à l'occasion des visites de 1838 et 1839.

(2) Les lettres pastorales indiquées dans la note précédente et le mandement pour l'ouverture des conférences du 8 décembre 1836 renferment d'utiles instructions sur la nécessité de la science ecclésiastique, ainsi que de vives exhortations pour porter à l'acquérir.

(3) Voir l'ordonnance du 8 décembre 1836 qui établit dans le Diocèse de Limoges les *conférences ecclésiastiques,* et celle du 5 juin 1839 qui règle que les conférences des deux cantons de la ville épiscopale se tiendront à l'Evêché sous la présidence de l'Evêque, ou de l'un des Vicaires généraux.

(4) Voir les circulaires et ordonnances des 26 février 1834 et 29 janvier 1835.

« Le sort des Prêtres sans fonctions, disait-il dans la première circu-
» laire, fait depuis longtemps l'objet de ma sollicitude : je suis con-
» vaincu qu'il est de mon devoir et de l'intérêt de tous de leur assurer
» une honorable retraite ».

ment, et à l'exécution duquel il faisait travailler depuis longtemps (1).

Dès les premières années de son Episcopat, il avait reconnu la nécessité d'établir une maison de *Prêtres auxiliaires* (2) dont on pourrait se servir pour remplacer les Curés absents ou malades, pour venir au secours de ceux qui seraient momentanément surchargés, pour donner des retraites, prêcher des stations de Carême dans les localités importantes du Diocèse, etc.; mais comme l'expérience lui en avait fait vivement sentir le besoin, il était dans ses dernières années continuellement occupé de la pensée de consolider et de développer cette œuvre dont nous avons le germe (3); et il avait l'intention d'appliquer en sa faveur la majeure partie des sommes dont il pourrait disposer.

Ce tableau serait incomplet, si je passais sous silence diverses œuvres, à l'accomplissement et au développement desquelles la Providence l'a fait concourir, quoiqu'elle ne l'en ait pas rendu l'instrument

---

(1) Au mois de décembre dernier, son zèle le porta, un jour, à blâmer l'Ecclésiastique qu'il avait chargé de préparer ce travail de ce qu'il ne s'en occupait pas d'une manière assez exclusive.

(2) Il disait en parlant de cette œuvre dans le mandement pour le carême de 1828 : « Si un désir ardent ne nous fait pas illusion, les » temps ne sont pas éloignés où il nous sera donné de faire revivre dans » notre ville épiscopale, une institution précieuse qui y fit longtemps la » joie des Fidèles, et la consolation de nos prédécesseurs, etc. »

(3) Peu de temps avant sa mort, il avait approuvé le plan de reconstruction de la maison destinée à cette œuvre; et fait commencer les travaux qui se continuent.

direct. Si les limites dans lesquelles je dois me renfermer n'y mettaient obstacle, ce serait ici le lieu de parler de la *Congrégation des Sœurs de Marie-Joseph*, qui s'occupe presque exclusivement de *l'œuvre si importante des prisons* (1) ; de celle *des Sœurs du Sauveur et de la sainte Vierge*, dont la mission est d'élever les jeunes filles, et de soigner les malades et les pauvres principalement dans les petites localités (2) ; *des Communautés* fondées à Evaux (3), à Saint-Junien (4), à Saint-Yrieix (5), à Saint-Léonard (6), pour élever les jeunes personnes, à Aixe (7) et à Ey-

(1) Cette congrégation a été formée par une branche de la congrégation de St-Joseph, dont la maison mère est à Lyon, dans l'ancienne maison des Chartreux. Cette branche s'est séparée, avec la permission de l'Ordinaire de la maison des Chartreux ; elle a pris le nom de *Marie-Joseph*, et elle a transporté, en 1841, son principal établissement dans la ville du Dorat. Cette nouvelle congrégation, qui possède environ douze maisons, est déjà chargé de six maisons Centrales.

(2) Cette Congrégation qui a été fondée, il y a environ douze ans, par Madame du Bourg, dite en religion sœur *Marie de Jésus*, nièce de l'ancien Evêque de ce nom, a établi son siège à La Souterraine en vertu d'une ordonnance épiscopale du 20 octobre 1835. Elle possède actuellement 10 maisons dont 2 dans le Diocèse de Limoges, 3 dans celui de Clermont, 2 dans celui de Tulle, 2 dans celui de Périgueux, et 1 dans celui d'Agen.

(3) Les religieuses du *Verbe Incarné* se sont établis à Evaux en vertu d'une ordonnance épiscopale du 20 mai 1827.

(4) L'ordonnance épiscopale qui autorise les sœurs du *Verbe Incarné* à s'établir à St-Junien est du 15 juillet 1834.

(5) C'est en vertu d'une ordonnance épiscopale du 24 février 1836 que les religieuses du *Verbe Incarné* ont fondé la maison de St-Yrieix.

(6) Les filles de *Notre-Dame* se sont établies à St-Léonard en vertu d'une ordonnance épiscopale du 17 novembre 1837.

(7) La communauté du *Sauveur et de la Sainte-Vierge* d'Aixe a été autorisée par l'Evêque le 10 juin 1837.

moutiers (1) pour prendre en outre soin des malades, à Limoges (2) et à Guéret (3) pour élever des orphelines, de la maison *des Repenties ou du Bon-Pasteur*, établie à Limoges, il y a dix ans, pour retirer du vice ou en préserver les femmes perdues ou exposées (4) ; de cette autre maison ouverte il y a quelques mois, dans les environs de Limoges, pour recueillir et élever les enfants *pauvres* et *orphelins* ou *laissés dans l'abandon* (5) ; et de l'établissement à Guéret (6) et à Aubusson (7) des Frères de la Doctrine chrétienne.

(1) C'est au commencement de cette année que les sœurs de la *Sagesse* ont pris possession de l'hospice d'Eymoutiers.

(2) C'est à la fin de 1836 que la maison des orphelines de St-Vincent-de-Paul, dites *Têtes-Noires*, a été fondée à Limoges par les *Sœurs de la Charité*, à l'aide des dons de M°º veuve Dandalais, et des secours fournis par les Fidèles.

(3) C'est en vertu d'une ordonnance épiscopale du 18 novembre 1837 que les religieuses de la *Providence* se sont établies à Guéret pour élever les jeunes filles, et spécialement les orphelines.

(4) Sa grande charité pour les pécheurs le porta à approuver l'œuvre du *Bon-Pasteur* que cette ville doit au zèle ardent et soutenu de M. le chanoine Féret ; à la recommander à la bienveillance des Fidèles (circulaire du 7 septembre 1834), et à lui fournir chaque année quelques secours. C'était l'œuvre qu'il avait le plus à cœur après celle des *Prêtres auxiliaires*.

(5) Par la lettre circulaire adressée au clergé le 12 décembre dernier, Mgr de Tournefort a fait connaître l'établissement que vient de faire dans la paroisse de *Chaptelat*, M. le chanoine Féret, d'une *ferme modèle*, destinée à recueillir les enfants *pauvres et orphelins* ou *laissés dans l'abandon*, et il a fait en faveur de cette œuvre importante un appel à la générosité des Fidèles.

(6) Cette école, qui est due au zèle de M. Pic, curé de Guéret, et le concours d'âmes pieuses, a été ouverte en 1834.

(7) Cette école, qui est due aux libéralités de l'honorable famille de Château Favier, a été ouverte en 1835.

Si le temps le permettait, je pourrais aussi vous parler de *l'utile Association de la Propagation de la Foi*, qu'il a fréquemment recommandée à son peuple, et qui a pris de grands développements pendant son Épiscopat (1); de *l'œuvre des bons livres*, destinée à répondre à l'un des plus pressants besoins de notre siècle, qui existe dans plusieurs villes du Diocèse, et qui a été érigée à Limoges en association religieuse (2); de *l'Association du Très-Saint et Immaculé Cœur de Marie pour la conversion des pécheurs*, qu'il s'empressa d'établir dans l'Eglise cathédrale, et aux prières de laquelle il aimait à se recommander (3); *l'œuvre de Saint-Vincent-de-Paul*, qu'il bénit au moment de son établissement, qu'il accueillit dans son Palais, et qu'il n'a cessé de protéger (4); enfin de ces nombreuses *Associations religieuses* formées, sous des noms divers, dans toute

Grâce au zèle de M. Mérigot, curé de Bellac, et au généreux concours de diverses personnes, une nouvelle école de Frères est sur le point d'être ouverte à Bellac.

(1) Voici ce qu'on lit dans une circulaire du comité diocésain de Limoges, du 6 décembre 1838 : « Il faut le dire toutefois *l'œuvre de la Propagation de la Foi* n'est pas restée stationnaire dans le Diocèse de Limoges : il y a un an, elle comptait à peine 150 décuries, et au moment actuel elle en a plus de 300. »

(2) Voir l'ordonnance pour l'établissement de l'œuvre des bons livres du 20 mars 1836.

Cette œuvre existe à Guéret, Aubusson, etc.

(3) Mgr de Tournefort voulut que cette Confrérie fût érigée dans l'Église cathédrale; il se fit inscrire le premier sur la liste des associés; et il présida la cérémonie de l'installation le jour de l'Immaculée Conception de l'année 1839.

(4) Voici le passage du testament de Mgr de Tournefort, relatif à la conférence de Saint Vincent-de-Paul : « Je donne et lègue à M. le pré-

l'étendue du Diocèse, pour faire honorer le Sauveur et sa sainte Mère, remettre en honneur la fréquentation des Sacrements, et ramener les Fidèles à l'exercice des œuvres de Piété et de Charité (1).

Quand on considère le nombre prodigieux d'œuvres qui ont pris naissance de nos jours, on ne peut s'empêcher d'admirer la sage et miséricordieuse fécondité de l'Esprit-Saint qui oppose tant de salutaires institutions aux pernicieuses inventions de l'esprit mauvais, et d'ouvrir son cœur à de consolantes espérances pour l'avenir !

Les soins continuels que Mgr de Tournefort donnait à son Diocèse, ne l'empêchaient pas de s'occuper des intérêts généraux de la Religion. Il a toujours pris une part active aux grandes affaires qui ont intéressé l'Eglise de France (2). Non-seulement il était

sident de la conférence de St-Vincent-de-Paul, la somme de vingt-cinq » francs, extrêmement faible témoignage de ce que je voudrais faire et » donner pour favoriser cette excellente œuvre. »

(1) La connaissance qu'il avait des avantages que procurent les associations religieuses, l'a porté à en ériger un grand nombre ; et à s'occuper de régulariser leur organisation par la publication d'une *Instruction pastorale* et d'un *Règlement général*, dont l'impression commencée au mois de décembre dernier n'était pas terminée au moment de sa mort.

(2 En 1828 il fut un des signataires du Mémoire, adressé au roi, par les Evêques, à l'occasion des ordonnances relatives aux petits séminaires.

En 1832 il s'unit aux Evêques qui censurèrent diverses propositions tirées de l'Avenir ainsi que des ouvrages de M. de Lamennais et ses disciples, et qui écrivirent ensuite au souverain Pontife pour lui déférer les propositions condamnées et obtenir la confirmation de leur jugement.

En 1841, dans un Mémoire adressé au roi, qui n'a pas été publié,

estimé et vénéré par ses collègues (1), mais il était encore regardé comme l'un des membres distingués de cet Episcopat français, placé si haut dans l'opinion des peuples.

Après avoir dit ce qu'il a été et ce qu'il a fait comme Evêque, il me reste à parler de ses vertus.

III.

Tableau des vertus de Monseigneur Prosper de Tournefort.

Nous savons, par l'enseignement des divines Ecritures, que Dieu, en envoyant Jésus Christ sur la terre, à eu dessein de nous montrer un homme parfait, tel que le Créateur l'a conçu, et de nous le présenter pour modèle (2).

Mais comme le Fils de Dieu ne devait *être vu sur la terre* (3) que pendant de courts instants, Dieu a institué le Sacerdoce, non-seulement pour continuer l'œuvre du Sauveur, mais encore pour représenter ce

---

réclama pour tous la liberté d'enseignement telle qu'elle existe en Belgique, et pour les Evêques la suppression des entraves apportées, dans les derniers temps, au droit dont ils ont toujours joui en France *d'établir et d'administrer*, avec une pleine liberté, les écoles ecclésiastiques, et il manifesta son sentiment sur l'état de l'éducation publique et ses craintes sur les suites d'une pareille éducation.

En 1843, il a publié d'une manière consciencieuse et franche, et en même temps pleine de modération, *son opinion sur l'éducation morale et religieuse donnée à la jeunesse dans la plupart des écoles de l'Université.*

(1) Mgr l'Archevêque de Besançon écrivait le 12 avril dernier en parlant de lui : « *Je le vénérais comme un de nos Evêques les plus distingués* » *et les plus Saints* ».

(2) *Inspice et fac secundum exemplar quod tibi in monte monstratum est.* (*Exod.*, XXV, 40. — *Hœb.*, VIII, 5.)

(3) *In terris visus est.* (*Baruch* III, 38.)

divin original. Le Prêtre, pour entrer dans les desseins de Dieu, doit donc être une *copie fidèle de Jésus Christ,* ou, selon l'expression d'un Père, *un autre Jésus Christ* (1). C'est cette vérité que le Prince des Apôtres voulait inculquer dans l'esprit des Prêtres de la primitive Eglise, lorsqu'il leur écrivait de devenir la *forme du troupeau* (2) ; c'est la même vérité que Saint Paul avait en vue lorsqu'il disait aux fidèles de l'Eglise de Corinthe : *Soyez mes imitateurs comme je le suis de Jésus Christ* (3).

C'est sur ce fondement que le Saint-Esprit, en traçant, par l'organe de Saint Paul, les devoirs des Evêques de tous les temps et de tous les pays, enseigne qu'ils doivent être, *sans aucun vice* (4), *irrépréhensibles* (5), ornés de toutes les vertus (6), en un mot, *des hommes parfaits* (7).

On sera étonné, si l'on veut réfléchir, de ne rencontrer, dans l'histoire de Mgr de Tournefort, aucune page à voiler ; de ne jamais le voir sous l'empire de ces passions honteuses qui tyrannisent et corrompent ceux qui ne veulent pas leur résister, et au joug desquels bien peu d'hommes ont le courage de se sous-

---

(1) *Sacerdos alter Christus.*
(2) *Forma facti gregis ex animo.* (I, Pet. V, 3.)
(3) *Imitatores mei estote, sicut et ego Christi.* (I Cor., XI, 1.)
(4) *Sine crimine.* (Tit. I, 7.)
(5) *Oportet ergo Episcopum irreprehensibilem esse.* (I, Tim. III, 2.
(6) I, *Tim.* III, 2, 3, 4, 7 ; VI, 11. — II, *Tim.* II, 15, 24. — *Tit.*, I 7, 8, 9.
(7) *Ut perfectus sit homo Dei.* (II, *Tim.* III, 17.)

traire ; et de ne pas apercevoir, dans sa vie, ces alternatives de bien et de mal, de vices et de vertus que l'on remarque dans celle de la plupart des hommes.

Les yeux les moins clairvoyants découvrent au contraire facilement, en lui, un ensemble de qualités et de vertus d'autant plus frappant qu'il n'est défiguré par le mélange d'aucun vice.

Si j'avais à parler d'un autre que d'un Evêque, ailleurs que dans la chaire chrétienne, que n'aurais-je pas à dire de ses qualités naturelles : de cet air d'affabilité et de majesté qui lui conciliaient l'amour et le respect des peuples (1) ; de cette bonté de cœur qui attirait vers lui et par laquelle il s'attacha un si grand nombre d'amis fidèles et dévoués (2) ; de cette politesse exquise qui savait garder toutes les convenances et qui contribuait au maintien de sa dignité;

(1) Au moment de son arrivée dans le Diocèse, il paraît que les cœurs se tournèrent de suite vers lui, car dans son mandement pour le carême de 1827, il parle des témoignages de respect, de soumission, d'attachement et de confiance qu'on lui prodiguait dans ses visites.

(2) Il avait des amis dans les divers lieux où il a habité, qui lui sont demeurés attachés pendant toute sa vie, et qui lui ont plusieurs fois donné des marques non équivoques de leur dévouement.

L'un d'eux, au moment de sa promotion à l'Episcopat, s'empressa de lui envoyer une somme de 10,000 fr. avec une pleine liberté d'en disposer à sa volonté. Il a été exact à rendre cette somme qu'il n'accepta qu'à titre de prêt, quoiqu'elle lui eût été offerte avec une si délicate générosité.

M. le marquis d'Archambaud déclare, dans la lettre déjà plusieurs fois citée, que les détails qu'elle renferme « ne sont *que le produit des sou-*
» *venirs de la tendre et sincère amitié, haute et profonde estime et sin-*
» *cère vénération qu'il avait pour lui.* »

de cette présence d'esprit qui lui permettait de répondre avec beaucoup de tact et d'à-propos aux compliments qui lui étaient adressés ; de cette facilité avec laquelle il entretenait les conversations et se mettait à la portée de tous ; de ce mélange de finesse et d'enjouement qu'il savait faire passer dans ses lettres (1) qui plus d'une fois étonnèrent les esprits les plus prévenus contre lui ; de la constance de ses amitiés ; de la noble cordialité avec laquelle il recevait ses amis ; de sa facilité à se laisser aborder ; de son penchant à obliger !...

Mais comme les qualités naturelles n'ont de valeur devant Dieu, dans l'ordre du salut, qu'autant qu'elles sont relevées par la grâce de Jésus Christ, et par des intentions surnaturelles, je dois réserver mes éloges pour des vertus d'un ordre plus élevé.

L'Apôtre Saint Paul, voulant instruire de ses devoirs son Disciple Timothée, qu'il avait élevé à l'Episcopat, après lui avoir dit de se conserver *chaste*, ajoutait : « *ô homme de Dieu, suivez* en tout *la justice,*
» *la piété, la foi, la charité, la patience et la dou-*
» *ceur* (2) ! »

---

(1) La lettre par laquelle il annonçait à l'un de ceux qui avaient défendu l'Evêché dans la circonstance dont on a parlé plus haut, qu'il accédait à une demande qu'il lui avait faite, commençait à peu près en ces » termes : « Vous avez trop bien défendu la porte de mon palais pour » que celle de mon cœur ne vous soit pas ouverte. »

(2) *Teipsum castum custodi... Tu autem o homo Dei!... Sectare justitiam, pietatem, fidem, charitatem, patientiam mansuetudinem.* (I. *Tim.*, V, 22 ; VI, 11.)

Si je ne m'abuse pas, ces sept vertus recommandées à Timothée sont précisément celles qui me frappent le plus dans la vie de notre Evêque ; c'est ce que je vais essayer de montrer sans m'astreindre toutefois à l'ordre suivi par l'Apôtre, afin de mettre plus d'enchaînement dans mes idées.

I. La *foi* est la première des vertus dans l'ordre du salut, car d'après le saint Concile de Trente, elle *est le commencement et le fondement du salut, et la racine de la justification* (1) à laquelle on ne peut parvenir sans son secours (2). Cette vertu, *qui nous fait donner un assentiment libre et ferme à toutes les vérités révélées*, a toujours préservé son âme des inquiétudes du doute et des ténèbres de l'incrédulité; et elle l'a constamment guidé dans toutes les phases de sa vie. C'est elle qui dicta sa conduite à l'assemblée de Carpentras ; et qui le détermina, en Italie, à renoncer aux espérances du siècle *pour suivre Jésus Christ* (3). C'est son zèle pour la conservation et la propagation de la Foi, dont le dépôt était commis à sa garde, qui l'a porté, pendant la durée de son Episcopat, à parler souvent de cette vertu à son peuple (4),

(1) *Concil. Trid.*, Sess. VI, Cap. 8.
(2) *Ibid.*, Cap. 7.
(3) *Matth.*, IV, 19 et 20.
(4) Voir la lettre pastorale publiée à l'occasion de sa prise de possession, le mandement pour le carême 1826, celui pour le Jubilé de la même année, celui du 23 février 1829 relatif à la mort de Léon XII, etc.

et à se montrer opposé à toute manifestation d'opinions nouvelles et hardies (1).

II. Saint Paul faisait encore à l'Evêque Timothée cette recommandation : « *Exercez-vous à la* » *piété... car elle est utile pour toutes choses, ayant* » *les promesses de la vie présente et future* (2) ». Comme, d'après saint Augustin « la piété n'est pas » autre chose que le culte de Dieu qui consiste tout » entier dans l'amour (3) », son effet est de nous faire accomplir avec ferveur et amour tous nos devoirs à l'égard de Dieu, de Jésus Christ, de la très Sainte Vierge, des Anges et des Saints.

L'Evêque de Limoges, qui, par une grâce spéciale, avait reçu dès sa jeunesse, ce don précieux des Elus qu'il a conservé jusqu'à sa mort, a fait preuve d'une *grande piété à l'égard de Dieu* par sa fidélité à la Prière, à l'Oraison mentale, et aux cérémonies publiques du culte ; *à l'égard de notre Seigneur Jésus*

---

(1) Il désapprouva toujours les doctrines de *l'Avenir*; il s'empressa d'adhérer à la condamnation portée par le saint Siége contre l'ouvrage ayant pour titre *Paroles d'un Croyant*, et il saisit cette occasion de prémunir son Clergé contre certaines opinions peu orthodoxes, et en particulier contre le système philosophique de M. de Lamennais. (*Voir la circulaire du 18 août 1834.*)

Il s'est constamment opposé à ce que dans les cours de philosophie des Séminaires des systèmes nouveaux fussent substitués à ceux qui sont communément enseignés dans les Ecoles catholiques de France.

(2) *Exerce autem te ipsum ad pietatem; pietas autem ad omnia utilis est, promissionem habens vitæ, quæ nunc est, et futuræ.* (I, Tim., IV, 7, 8.)

(3) *Lettre* CXL à Honoré.

Christ, par son empressement à le recevoir dans la Communion, et à aller le visiter plusieurs fois chaque jour dans le Sacrement de son amour ; *à l'égard de la très sainte Vierge*, par son attention à porter habituellement le scapulaire (1), à réciter chaque jour le Chapelet et souvent le Rosaire entier (2), à saisir les occasions d'augmenter son culte (3) et d'inspirer de la dévotion envers cette bonne Mère (4) ; *à l'égard des saints Anges*, par le soin qu'il avait de saluer les Anges Gardiens des lieux où il passait ; *à l'égard des Saints*, par son attrait à réciter leurs Litanies, et à recourir à eux dans ses derniers moments pour suppléer à son impuissance.

Sa *piété* envers l'auguste Mystère de nos autels mérite une mention spéciale. Il savait, par les divins enseignements, que comme le Sacrifice de la Croix, qui a opéré la Rédemption du monde (5), doit être regardé comme l'acte le plus excellent du Sacerdoce

---

(1) Il était membre de diverses Confréries de la Ste-Vierge.

(2) En voyage il récitait fréquemment le Rosaire entier ; il ne laissait passer aucun jour sans réciter le Chapelet auquel il joignait la méditation des Mystères, et ajoutait une dizaine pour le Rosaire vivant.

(3) A la fin de l'année 1839 il sollicita, et obtint du saint Père la faculté 1° de transférer au deuxième dimanche de l'Avent la solennité de la fête de *l'Immaculée Conception ;* 2° d'ajouter à la préface de la Messe le mot *Immaculâ*, et aux Litanies de la sainte Vierge l'Invocation *Regina sine labe concepta ;* 3° une indulgence plénière pour le jour de la solennité de la fête de l'Immaculée Conception.

(4) Il aimait surtout dans ses dernières années à parler dans ses visites de la dévotion à la Ste-Vierge, et à recommander les Confréries érigées en son honneur ainsi que la dévotion du Mois de Marie.

(5) *Ephes.*, I, 7. — *Colos.*, I, 20 ; II, 14.

de Jésus Christ, de même l'oblation du Sacrifice de la Messe, qui a été institué pour appliquer aux hommes les fruits de la Rédemption (1), doit être considérée comme la principale des fonctions du Prêtre de la loi nouvelle (2), ainsi que le fait entendre l'Apôtre en disant que « *tout Pontife* est pris d'en-
» tre les hommes, et *est établi pour les hommes* en
» ce qui regarde le culte de Dieu, *afin qu'il offre*
» *des dons et des sacrifices pour les péchés* (3) ».

La connaissance qu'il avait de l'excellence et des effets de ce Mystère, qui lui avait inspiré un vif désir d'y participer, lui avait fait contracter l'habitude de le célébrer tous les jours. Il a toujours été fidèle à cette pieuse pratique dont il ne s'écartait même pas en voyage (4). Il a voulu offrir cet auguste sacrifice dans les plus petites paroisses de son Diocèse (5), et il avait le désir et l'espoir de l'offrir

(1) *Concil. Trid., Sess.* XXII, *Cap.* I, 2.
(2) *Principalis actus Sacerdotis est consecrare corpus et sanguinem Christi,* etc. (*S. Thom. supplém.,* q. 37, art. 5.)
(3) *Omnis Pontifex ex hominibus assumptus, pro hominibus constituitur in iis quæ sunt ad Deum, ut offerat dona et sacrificia pro peccatis.* (*Hæb.,* V, 1.)
(4) Pendant les six dernières années de sa vie nous croyons qu'il n'a été empêché de célébrer que deux fois étant en voyage. Il avait soin de dire la sainte Messe de grand matin avant de partir, ou de disposer les choses de manière à arriver avant midi pour pouvoir la dire.

Son respect pour ce mystère, et sa grande charité le portèrent un jour, afin de procurer à l'Ecclésiastique qui l'accompagnait la facilité de dire la Messe, à la servir, en attendant l'arrivée du clerc.

(5) Dans ces dernières tournées pastorales, il réglait son itinéraire de manière à se trouver le matin dans le petit nombre de paroisses où il n'avait pas encore offert le saint Sacrifice.

jusqu'au jour de sa mort (1). Qu'il était touchant de voir, dans les derniers temps de sa vie, ce pieux vieillard, se traîner à l'autel, appuyé sur les bras de deux Ecclésiastiques qui devaient l'assister, afin d'offrir à Dieu ce tribut de son respect et de son amour, pour ses propres besoins, ceux de son Diocèse et de l'Eglise entière (2) !

Le désir de conserver la sainteté nécessaire à la célébration de ce Mystère, le portait à se confesser tous les huit jours, et même plus souvent, s'il en sentait le besoin.

La charité qui était la source de sa piété produisait en lui une vive confiance en la miséricorde de Dieu, qu'il aimait à inspirer aux autres. Il lui arrivait souvent de dire, que si les pécheurs connaissaient toute l'étendue de la miséricorde divine, il serait à craindre qu'ils ne fussent portés à en abuser.

<small>Le désir de procurer à toutes les paroisses les avantages attachés à la célébration de ce mystère, le porta à donner beaucoup d'extension au *binage*.

(1) Il nous avait souvent dit qu'il espérait que Dieu lui ferait la grâce de pouvoir dire la Messe le jour même de sa mort. On a vu plus haut qu'il l'a dite jusqu'au septième jour avant sa mort, et qu'il l'a entendue dans sa chapelle jusqu'à l'avant-veille de sa mort.

(2) L'un des Ecclésiastiques qui l'assistaient s'étant un jour figuré, par l'effet d'une distraction, que le pieux Pontife avait omis de faire l'élévation de la sainte Hostie, crut devoir le lui faire observer. Il fut étonné qu'on l'eût supposé capable d'une telle distraction, et il fit connaître, dans la journée, qu'il s'était alors dit en lui-même : « *Oh! s'il avait su ce qui se passe en moi dans ce moment, il n'aurait pas eu une telle pensée !* ».</small>

III. L'amour de Dieu, lorsqu'il est véritable, est toujours accompagné de l'amour du prochain, car d'après le Sauveur, ce second commandement est semblable au premier (1), et d'après son Disciple bien-aimé, comment celui qui n'aime pas son frère qu'il voit, pourrait-il aimer Dieu qu'il ne voit pas (2) ? La *charité* envers les hommes, que Jésus Christ a tant de fois recommandée (3), qu'il a indiquée comme le caractère distinctif *auquel on reconnaîtra ses Disciples* (4), qu'il s'est plu à appeler *son commandement* (5), avait été répandue *dans le cœur du pieux Pontife* avec une telle *abondance* (6) qu'elle a influé d'une manière sensible sur sa conduite envers tous.

Je crois pouvoir invoquer à cet égard le témoignage de tous ceux qui l'ont connu ; et vous inviter, vous qui êtes ici réunis à interroger vos souvenirs.

Vous tous, mes Frères, quelle que soit votre condition, rappelez-vous avec quelle attention il a fermé son cœur à la haine, et sa bouche à la médisance ;

---

(1) *Diliges Dominum Deum tuum... Hoc est maximum et primum mandatum. Secundum autem simile est huic : Diliges proximum tuum sicut teipsum.* (Matth. XIX, 37, 38, 39.)

(2) *Qui enim non diligit fratrem suum quem videt, Deum quem non videt, quomodo potest diligere ?* (I, Joan. IV, 20.)

(3) Joan., XIII, 34 ; XV, 12, 17, etc.

(4) *In hoc cognoscent omnes quia discipuli mei estis, si dilectionem habueritis ad invicem.* (Joan. XIII, 35.)

(5) *Hoc est præceptum meum.* (Joan. XV, 12.)

(6) *Charitas Dei diffusa est in cordibus nostris per Spiritum Sanctum* (Rom., V, 5). — *Quem effudit in nos abundè per Jesum Christum Salvatorem nostrum.* (Tit. III, 6.)

avec quelle bienveillance il accueillait tout le monde, et accordait toutes les grâces que sa conscience ne l'obligeait pas à refuser ; avec quel zèle il se transportait dans les lieux mêmes situés à l'extrémité de son Diocèse, où sa présence pouvait être utile au salut de son troupeau !

Vous, mes Frères dans le Sacerdoce, rappelez-vous avec quelle paternelle tendresse il vous écoutait, vous consolait, vous encourageait, lorsque dans vos peines vous veniez lui ouvrir vos cœurs ! Avec quelle douce et affable familiarité il s'entretenait avec vous, vos confrères, et vos parents, lorsque vous aviez le bonheur de le recevoir dans vos modestes presbytères !

Vous, vierges sacrées, épouses de Jésus Christ, rappelez-vous avec quel empressement il répondait aux invitations qui lui étaient faites de se rendre dans vos maisons ; et avec quelle patience il vous écoutait, et s'appliquait ensuite à dissiper vos scrupules et à rendre la paix à vos âmes !

Vous, pauvres, rappelez-vous avec quelle compatissante facilité, il écoutait le récit de vos maux, et ouvrait toujours sa bourse pour les adoucir, dans la crainte que Jésus Christ ne pût lui reprocher d'avoir dédaigné l'un de vous (1) !

Vous, mères de famille, rappelez-vous avec quel

---

(1) Il disait un jour qu'il craignait, en refusant l'aumône à un pauvre, que Notre Seigneur Jésus-Christ ne pût un jour lui adresser le reproche d'avoir repoussé quelqu'un qui demandait en son nom.

aimable sourire il bénissait vos petits enfants, lorsque vous les lui présentiez !

Vous, petits enfants, rappelez-vous avec quelle bonté, il vous offrait son anneau à embrasser, et vous donnait sa bénédiction lorsque, dans les rues, vous accouriez sur ses pas !

Vous qui l'avez servi avec attachement, rappelez-vous avec quelle liberté vous aviez accès auprès de lui ; et avec quelle attention il prenait soin de vous (1) !

IV. A la recommandation adressée à son disciple de *se conserver chaste*, l'Apôtre ajoute celle de devenir pour les Fidèles un *modèle de chasteté* (2) : Dieu, en effet, pour protester contre les désordres du monde, et pour rappeler sans cesse aux hommes d'une manière sensible, la nécessité, l'excellence et la beauté de cette vertu, a voulu que le grand Prêtre de la nouvelle alliance, Jésus Christ, fut vierge et naquît d'une Mère vierge, et que ses Ministres *vécussent dans une perpétuelle chasteté* (3). Cette vertu que le Saint-Esprit se plaît à former dans les âmes (4), que la Communion nourrit et fait croî-

(1) Il se levait chaque matin longtemps avant ses domestiques, dont il craignait d'altérer la santé, s'il ne leur laissait pas un temps suffisant de repos; il avait aussi l'attention de ne pas les déranger lorsqu'ils prenaient leurs repas.

(2) *Exemplum esto fidelium in castitate.* (I, Tim. IV, 12.)

(3) « *Episcopi, Presbyteri Diaconi aut Virgines eliguntur, aut certè in æternum pudici.* » (S. Hiéron., Epist., L.)

(4) *Fructus Spiritûs est... castitas.* (Galat. V, 22, 23.)

tre (1), et qui est la gloire et l'ornement du Sacerdoce de la loi de grâce, fut certainement communiquée, par une grâce spéciale, dans un degré éminent au pieux Evêque qui eut toujours pour elle beaucoup d'attrait. Le sentiment de sa faiblesse et sa conscience timorée lui ont toujours fait éviter avec soin tout ce qui pouvait porter atteinte à cette belle vertu qu'il aimait singulièrement, aussi on n'aperçoit dans sa vie aucune trace de faiblesse. Simple laïque, il refusa en Italie de prendre part à certains usages de société qui ne lui parurent pas être assez en rapport avec les règles de la modestie et de la retenue. Prêtre, il s'est toujours comporté avec cette prudente réserve qui écarte le soupçon. Parmi nous on ne l'a jamais entendu tenir une seule parole libre ou à double sens, et il n'a jamais souffert qu'on en tînt devant lui (2). Lorsqu'il parlait en chaire de cette vertu ou du vice contraire, il s'exprimait avec beaucoup de réserve et à mots couverts dans la crainte de produire des impressions dangereuses, et comme il n'aimait pas qu'on agît autrement, il lui est arrivé de blâmer des expressions qui paraissaient fort innocentes. Le vice opposé à la *chasteté* était un de ceux qui lui inspirait le plus d'horreur. C'était celui qu'il excusait le moins et à l'égard duquel il était le plus porté à sévir.

(3) *Quid bonum ejus est, et quid pulchrum ejus, nisi frumentum electorum, et vinum germinans virgines?* (Zach. IX, 17.)

(4) Dans une réunion on le vit, un jour reprendre une personne grave dont la conversation lui parut un peu trop libre.

V. Dans un de ses entretiens familiers, notre bon Evêque disait un jour avec une naïveté admirable : « J'ai pendant longtemps demandé à Dieu avec in-
» stance par l'intercession de saint François-de-Sales
» la *patience* et la *douceur* ; je crois avoir obtenu la
» patience, mais il faut que ce bon Saint m'ait gardé
» rancune (1), car je n'ai jamais pu obtenir la douceur ».

La vertu de *patience* que saint Paul dit *être nécessaire* même aux simples Fidèles (2), et qu'il invite souvent l'Evêque Timothée à pratiquer (3), a éclaté en lui par la force avec laquelle il savait réprimer les mouvements impétueux de l'âme, de manière à ne jamais se laisser aller à la colère; par la résignation, la fermeté et la grandeur d'âme avec lesquelles il s'est comporté dans les circonstances les plus difficiles de sa vie, par le calme avec lequel il savait écouter les récriminations, et les observations pénibles que les supérieurs sont souvent obligés d'entendre ; par la facilité avec laquelle il surmontait les répugnances de la nature pour accomplir les devoirs qui lui coûtaient le plus ; enfin par cette égalité d'âme, qui provenait de l'empire qu'il exerçait sur toutes ses passions, et qui le rendait inaccessible à

---

(1) Il se reprochait d'avoir négligé d'acheter les œuvres de saint François-de-Sales, dans une circonstance où il lui était facile de se les procurer.

(2) *Patientia enim vobis necessaria est* (Hæb. X, 36.)

(3) I. tim. VI, 11 ; II. tim. III, 10 ; IV, 2.

ces impressions de joie, de tristesse, d'humeur et de mélancolie dont tant de personnes subissent la funeste influence.

VI. Pour être juste envers sa mémoire, il me semble qu'on ne doit pas prendre à la lettre l'aveu dicté par son humilité; et qu'on ne peut regarder comme ayant été dénué de la vertu de *douceur* recommandée par le Sauveur lui-même (1), celui dont le visage fut toujours serein et riant, et la parole bonne et agréable ; que l'on ne vit jamais agir par caprice ; qui savait réprimer les élans d'un zèle amer, et arrêter promptement les suites d'un premier mouvement, et qui se reprochait avec tant de simplicité, pendant sa dernière maladie, les légères impatiences occasionnées par son état maladif, et l'affaiblissement de ses organes.

VII. Samuël, sur le point de terminer sa msision auprès du peuple d'Israël, lui adressait ces paroles : « Je suis vieux et mes cheveux ont blanchi ; j'ai vécu
» parmi vous depuis ma jeunesse jusqu'à ce jour, me
» voici en votre présence : déclarez devant le Sei-
» gneur.... si j'ai pris le bœuf ou l'âne de personne,
» si j'ai calomnié ou opprimé quelqu'un.... et je ré-
» parerai mes torts. Le peuple lui répondit : *vous ne*
» *nous avez ni calomnié, ni opprimé, et vous n'avez*
» *rien pris de personne*. Le prophète reprenant,

---

(1) *Discite à me, quia mitis sum.* Matth. XI, 29.

» ajouta : *le Seigneur est donc témoin aujourd'hui...*
» *que vous n'avez rien trouvé à redire à ma conduite.*
» Et le peuple répliqua : *oui il en est témoin* (1). »

Si notre Evêque, que nous avons vu rempli de cette charité qui *n'opère pas le mal et fait accomplir toute la loi* (2), était encore parmi nous, il pourrait, avec la même confiance, tenir un pareil langage à son peuple, lui qui fut toujours dans la disposition de cœur, de rendre à chacun ce qui lui était dû, et de réparer les torts même involontaires dont il pouvait se rendre coupable (3).

Cette disposition qui constitue la *justice* prise dans son acception la plus générale a influé constamment sur les actes de sa vie, et lui a fait remplir ses devoirs avec tant d'exactitude qu'il s'est véritablement montré JUSTE ENVERS TOUS : *juste envers Dieu*, en gardant fidèlement ses commandements ; *juste envers lui-même*, en ne résistant jamais au cri de sa conscience ; *juste envers l'Eglise*, en défendant courageusement ses prérogatives ; *juste envers l'Etat*, en obéissant comme citoyen à ses lois, et en recommandant

---

(1) I. Rég. XII, 1, 2, 3, 4, 5.

(2) *Dilectio proximi malum non operatur. Plenitudo ergo legis est dilectio.* (Rom. XIII, 10.)

(3) La discussion d'une affaire qu'il traitait un jour avec l'un des Ecclésiastiques qui étaient près de ni ayant été un peu vive ; celui-ci qui craignait, par quelques mouvements de vivacité, d'avoir manqué au respect qu'il devait à son Evêque, s'empressa d'avouer ses torts et de lui faire des excuses : Mais quel ne fut pas son étonnement et sa confusion lorsqu'il entendit cet humble Pontife s'accuser lui-même et le prier de l'excuser !

comme Évêque l'obéissance à la puissance établie ; *juste envers ses diocésains*, en remplissant avec tant de zèle tous les devoirs de l'Episcopat ; *juste envers son Clergé*, en cherchant à connaître les vertus et les talents de chaque Prêtre, et à traiter chacun selon son mérite ; *juste envers ceux à l'égard desquels il fut obligé d'être sévère*, en ne sévissant jamais que pour obéir au cri de sa conscience, en se tenant toujours prêt à ouvrir les bras au repentir, et en priant continuellement pour le retour de ces enfants prodigues qu'il n'oublia pas dans sa dernière bénédiction.

Enfin pour résumer et compléter (1) ce que nous venons de dire des vertus de ce Pontife, il nous sem-

(1) On lira avec intérêt quelques témoignages rendus à ses vertus par des personnes placées dans des positions diverses :

Le vénérable Archevêque de Toulouse, après avoir rappelé, dans une lettre du 11 avril dernier, *sa vieille amitié pour Mgr Prosper de Tournefort*, ajoute : « Je l'ai toujours vu bon, doux, aimable, pieux, même
» timoré. Il récitait habituellement son Bréviaire à genoux ; il écrivait
» avec une grande facilité et prêchait de même sans grande prépara-
» tion. »

Son vieil et constant ami, l'honorable chef actuel de la famille Portalis, dans la lettre déjà citée, s'exprime ainsi : « Je n'essayerai pas de re-
» tracer ici le caractère de cet homme pieux qui savait rendre la Reli-
» gion si aimable, dont la foi était si franche, si sincère, si naïve, l'intel-
» ligence si cultivée, le zèle si ardent, la charité si tendre et si inépuisa-
» ble. Je ne vous parlerai pas de l'agrément et de la facilité de sa parole,
» des qualités de son cœur, de sa fidélité dans ses amitiés, de son atta-
» chement pour ses parents, de son dévouement à ses devoirs et à son
» pays. »

Voici enfin quelques détails fournis par la personne, alliée de sa famille, dont il a déjà été question : « Ses vertus, sa douceur lui atta-
» chaient tous ceux qui étaient à même de l'apprécier, aussi ses amis

ble qu'on pourrait lui appliquer le portrait, tracé par le Saint-Esprit, d'Onias, l'un des grands Prêtres de l'ancienne loi : « C'était un homme bon, bienveillant,
» modeste dans son visage, modéré et réglé dans ses
» mœurs, agréable dans ses discours, et qui s'était
» exercé, dès son enfance, en toutes sortes de ver-
» tus (1).

Il est temps de m'arrêter, mes Frères, car j'ai parcouru le cercle que je m'étais tracé. J'ai cherché à vous peindre le bon et vertueux Evêque qui vient de nous être enlevé, non d'après les inspirations de mon imagination, mais à l'aide de mes souvenirs et de ceux des personnes qui l'ont approché ; j'ai voulu vous le faire connaître tel qu'il était : je ne sais si j'aurai réussi.

Dieu ne l'avait pas formé si parfait pour le laisser tomber dans l'oubli : comme il veut que ses justes vivent éternellement dans la mémoire des hommes, *in memoriâ æternâ erit justus* (2), je me suis efforcé de seconder ses vues providentielles, en vous révélant les œuvres et les vertus de l'excellent Pontife. C'est à vous, maintenant, mes Frères, à conserver reli-

» étaient nombreux. Dès sa jeunesse il s'était fait remarquer par cette
« douce charité pour les pauvres qu'il a montrée pendant toute sa vie.
» Quand il venait chez son père passer les vacances, c'était la joie de sa
» famille et de tout le village. »

(1) *Virum bonum, et benignum, verecundum visu, modestum moribus, et eloquio decorum, et qui à puero in virtutibus exercitatus sit.* (II, Machab. XV, 12.)

(2) Psal. CXI. 7.

gieusement son souvenir et à le transmettre *à vos enfants*, pour obéir à la recommandation du Saint-
Esprit : *mementote præpositorum vestrorum.*

Il a passé parmi nous en faisant le bien (1), ins-
truisant, consolant, bénissant, priant ; par justice et
par reconnaissance, nous lui devons actuellement le
secours de nos prières. Tenons-nous ici en garde
contre une indifférence apathique ou un enthousias-
me irréfléchi : quelque juste qu'il ait paru, il ne nous
est pas donné de sonder *l'abîme des* jugements de
Dieu (2), dont la pensée portait le Prophète à s'é-
crier : « N'entrez pas en jugement avec votre servi-
» teur, parce que *nul homme vivant ne sera trouvé
» juste devant vous* (3). » Il est si difficile, en effet,
de marcher sur la terre sans que la poussière ne s'at-
tache à nos pieds ! Il faut être si parfait pour être ad-
mis, sans passer par le lieu des purifications, *à voir
face à face* (4) *le Dieu des Dieux dans la céleste Sion* (5) !
Prions donc pour son âme ! Prions beaucoup et longtemps, comme nous prierions pour un père bien ai-
mé ! Priez tous, mes Frères, « car il s'est recom-
» mandé aux prières des Communautés, des Etablis-
» sements religieux, et de tous les Fidèles du Dio-
» cèse ! » Priez, vous mes Frères, dans le Sacerdoce,

---

(1) *Pertransiit benefaciendo.* (Act. Apost. X, 38.)
(2) *Judicia tua abyssus multa.* (Psal. XXXV, 7.)
(3) *Et non intres in judicium cum servo tuo : quia non justificabitur in conspectu tuo omnis vivens.* (Psal. CXLII, 2.)
(4) *Videmus.... tunc.... facie ad faciem.* (I, Cor. XIII, 12.)
(5) *Videbitur Deus Deorum in Sion.* (Psal. LXXXIII, 8.)

car il n'a jamais appris la mort de l'un de nous sans offrir pour son âme le saint Sacrifice, et il a demandé à tous ses Prêtres de se souvenir de lui à l'Autel du Seigneur (1) !

L'admiration produite en vous par le tableau de ses vertus, a dû vous porter à remonter à leur cause. L'Apôtre nous l'a indiquée d'avance par ces paroles dignes des continuelles méditations du chrétien : *c'est par la grâce de Dieu que je suis ce que je suis* (2). Oui, mes Frères, sachez-le bien, ses vertus n'ont pas été un fruit de la nature, mais un effet de la grâce de Jésus Christ ; c'est le christianisme qui l'a rendu tel que je viens de vous le montrer. Ne vous sentez-vous pas dès-lors portés à admirer, à aimer et à observer une religion qui a ainsi la puissance de réformer et de perfectionner les hommes ?

N'oubliez pas surtout que Dieu, en le formant à la ressemblance de Jésus Christ, et en le plaçant à votre tête, se proposait de l'exposer à vos regards comme

---

(1) Voici la copie littérale de cette disposition de son testament : « Dans
» l'année de ma mort, je veux que cinq cents Messes soient acquittées
» pour le repos de mon âme. *Je compte au surplus sur la charité des*
» *Prêtres de mon Diocèse*, qui ne manqueront pas d'offrir au moins une
» fois le saint Sacrifice de la Messe pour moi, car j'ai eu soin de le faire
» pour tous ceux qui sont morts pendant mon administration. Je me re-
» commande au surplus d'une manière spéciale aux prières de tout le
» Clergé, de toutes les Communautés et Etablissements religieux, et de
» tous les Fidèles du Diocèse. »

Il était dans l'usage d'offrir le saint Sacrifice pour tous les Evêques, au moins de l'Eglise de France, lorsqu'il apprenait leur mort.

(2) *Gratiâ autem Dei sum id quod sum.* (I, Cor. XV, 10.)

un modèle. C'est pour nous faire entrer dans ce des sein de Dieu que l'Apôtre nous invite à nous souvenir *de nos préposés* et *à imiter leur foi* qui a été la source des autres vertus : *mementote præpositorum vestrorum; imitamini fidem.* Souvenez-vous donc toujours, mes Frères, de votre vertueux Pontife, et à son exemple, travaillez à devenir des hommes de foi, des hommes pieux, des hommes remplis de charité, des hommes chastes, des hommes patients, des hommes doux, des hommes justes, c'est-à-dire fidèles observateurs de tous leurs devoirs religieux et civils.

Le plus digne hommage que vous puissiez rendre maintenant à la mémoire de votre Evêque, c'est certainement de marcher sur ses traces. Qu'il serait beau, qu'on put dire un jour : son peuple qui l'aimait le pleura, et par respect pour lui, après avoir réformé ses mœurs, il s'empressa d'imiter ses vertus !

FIN.